大展好書　好書大展
品嘗好書　冠群可期

大展好書　好書大展
品嘗好書　冠群可期

老拳譜新編 3

拳經

大聲圖書局／纂輯

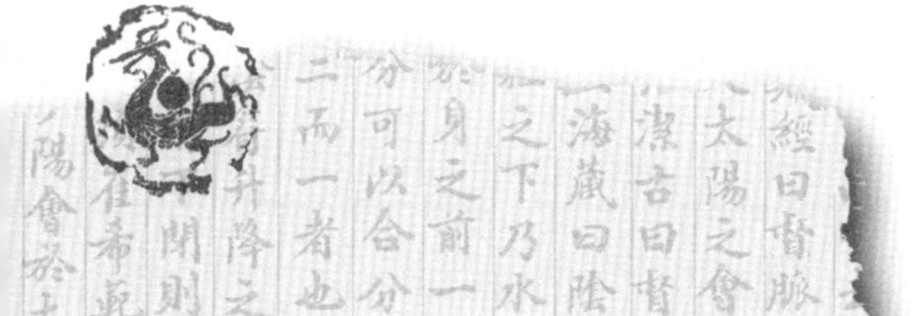

大展出版社有限公司

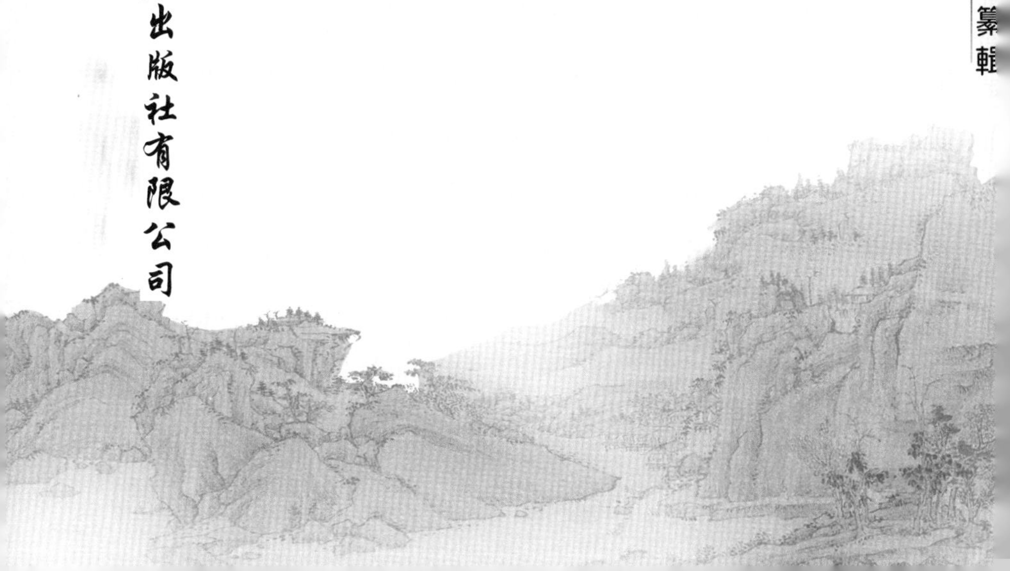

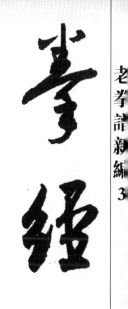

策劃人語

本叢書重新編排的目的，旨在供各界武術愛好者鑑賞、研習和參考，以達弘揚國術，保存國粹，俾後學者不失眞傳而已。

原書大多為中華民國時期的刊本，作者皆為各武術學派的嫡系傳人。他們遵從前人苦心孤詣遺留之術，恐久而湮沒，故集數十年習武之心得，公之於世。叢書內容豐富，樹義精當，文字淺顯，解釋詳明，並且附有動作圖片，實乃學習者空前之佳本。

原書有一些塗抹之處，並不完全正確，恐為收藏者之筆墨。因為著墨甚深，不易恢復原狀，並且尚有部分參考價值，故暫存其舊。另有個別字，疑為錯誤，因存其眞，未敢遽改。我們只對有些顯著的錯誤之處，做了一些修改的工作；對缺少目錄和編排不當的部分原版本，我們根據內容進行了加工、調整，使其更具合理性和可讀性。有個別原始版本，由於出版時間較早，保存時間長，存在殘頁和短頁的現象，雖經多方努力，仍沒有辦法補全，所幸者，就全書的整體而言，其收藏、參考、學習價值並沒有受到太大的影響。希望有收藏完整者鼎力補全，以裨益當世和後學，使我中華優秀傳統文化承傳不息。

為了更加方便廣大武術愛好者對古拳譜叢書的研究和閱讀，我們對叢書作了一些改進，並根據現代人的閱讀習慣，嘗試著做了斷句，以便於閱讀。

由於我們水平有限，失誤和疏漏之處在所難免，敬請讀者予以諒解。

拳經

剡谿李肅之題

民國七年穐出版
上海大聲圖書局

序

吾國技擊之學萌芽於戰國昌明於唐宋極盛於
明清第業斯道者各私所學各秘所傳從未著有專
書藏之名山者遂致精粹之學知者甚寡國學不彰民體日
弱言其概也推原其故武人不文文人不藝其不能言筆難達
衷一也技進乎道能人不授卞和抱璞智者不屑二也帝王
專制禁民習武法制森嚴驚音寒慴三也有此三故宜拳
技書之著鳳毛麟角也本年秋上海大聲書局有拳經之刊其如

明白專家，持與粘連無道外之言，無文，明白曉暢，無蕪穢之弊，盡人能讀，盡人能習，從此去靡靡之習，日革鄙人之體，日強吾國之興，其在斯乎，其在斯乎。余不揣其謭陋，年之衰邁，因樂而為之序。

民國廿年九月　日　青浦陸守先士濤甫序

拳經總目

分水穴
關元穴
內氣穴
血海穴
章門穴
囊氣穴
地門穴
血囊穴
百盲穴
腦代穴
鼠尾穴
肩井穴
後血海

小便

跌傷　清心和氣湯

兩肋

血海　活血湯

氣眼

肩背

背上

胸前

胸背

左右兩邊

左邊　左邊傷藥方

右邊　右邊傷藥方

上部　上部傷藥方

肩背
肩骱
肩甲
臂骱
大小臂
手骨
手骱
手腕
手指　三段
金井
不時閃挫
中部跌傷
上身跌破

活血止痛散
補中益氣湯
尋痛散
還魂散
喘氣散
吊嗽飲
明目生血飲
麻藥散
摻麻藥方
黃末藥方
寬脛散
金瘡桃花散
封口金瘡藥

玉紅膏　如意金黃散
月白珍珠散
珍珠八寶丹
大神活絡丹
梅花點舌丹
大續命飲
中續命飲
小續命飲
取箭方
便血方

太祖長拳三十二勢圖

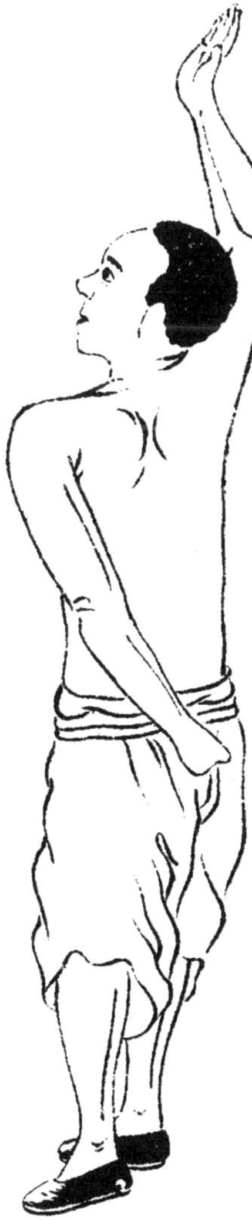

懶扎勢第一

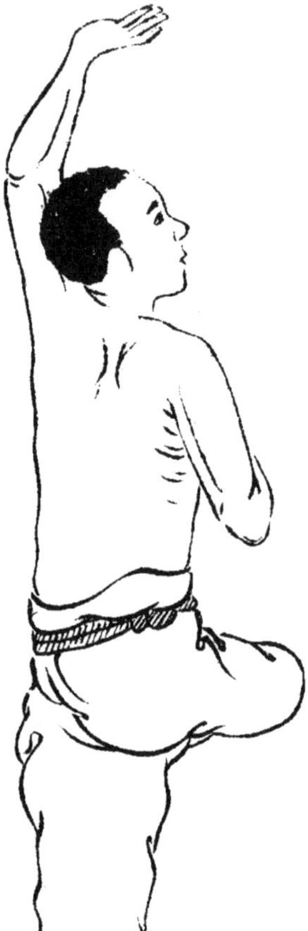

金雞獨立勢第二

控馬勢第三

拗鞭勢第四

七星拳勢第五

倒騎龍勢第六

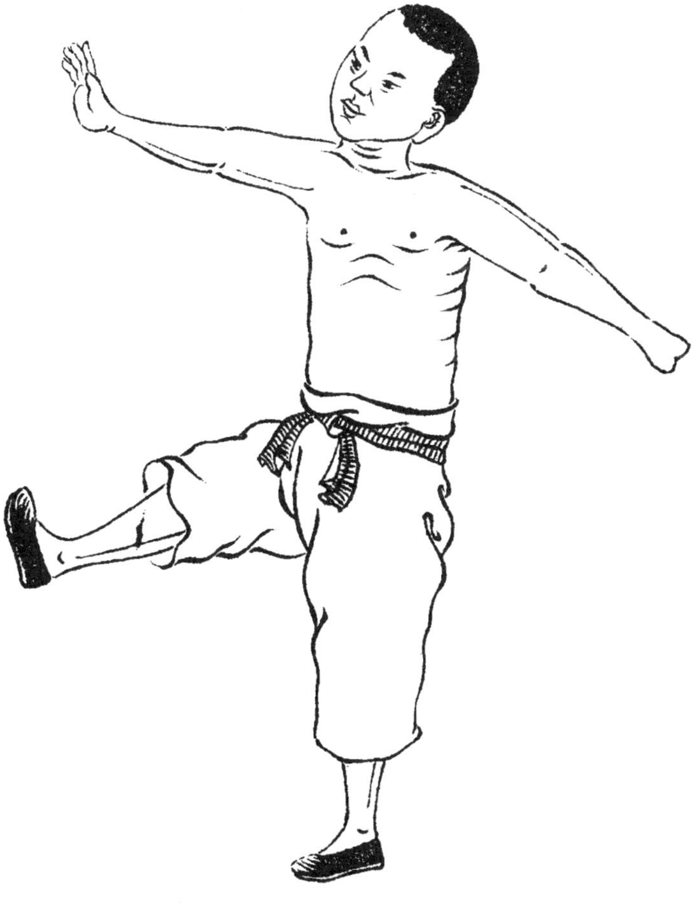

懸腳騰空勢第七

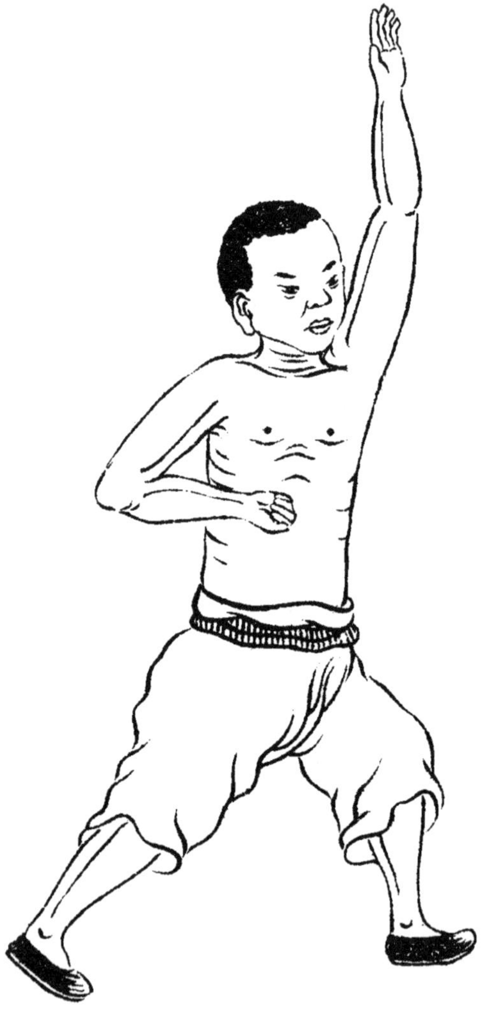

丘流勢第八

下插勢第九

埋伏勢第十

拖架勢第十一

墊肘勢第十二

散步勢第十三

擒拿勢第十四

中四平勢第十五

伏虎勢第十六

高四平勢第十七

倒捉勢第十八

井攔勢第十九

鬼蹴勢第二十

指襠勢第二十一

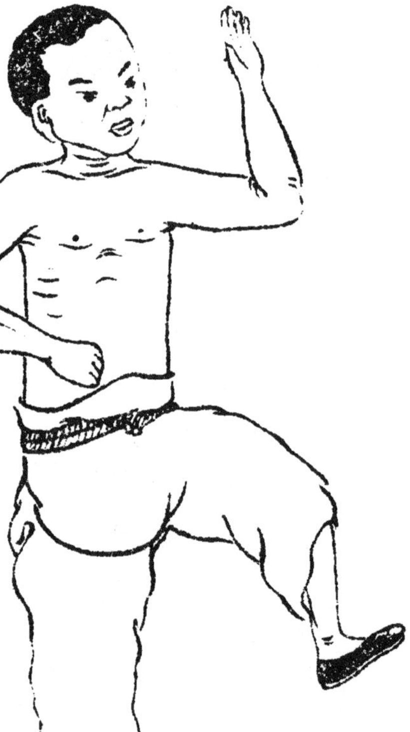

獸頭勢第二十二

神拳勢第二十三

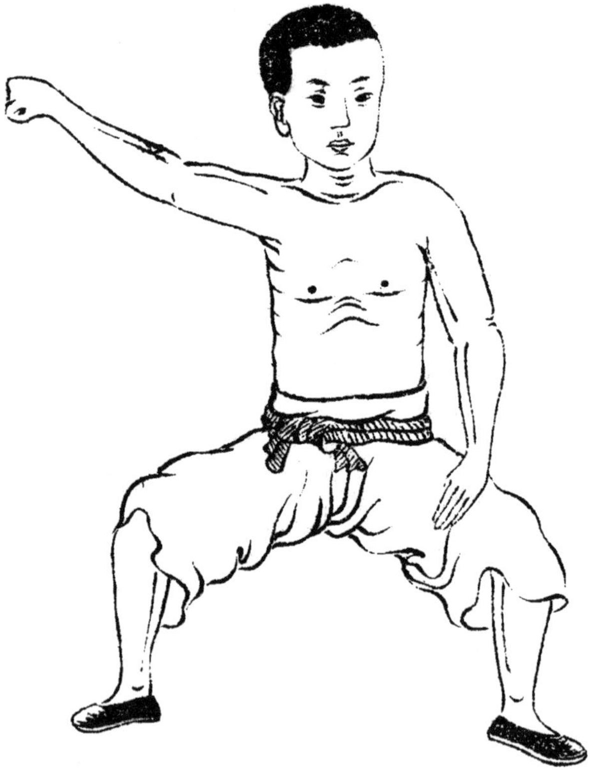

一條鞭勢第二十四

雀龍勢第二十五

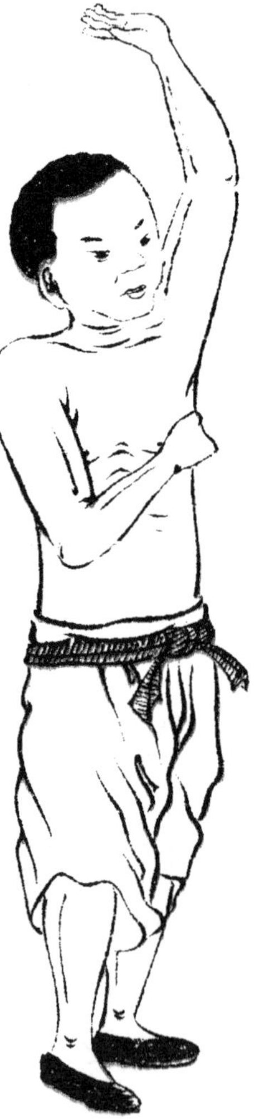

朝陽勢第二十六

鷹翅勢第二十七

跨虎勢第二十八

拗鸞勢第二十九

當頭勢第三十

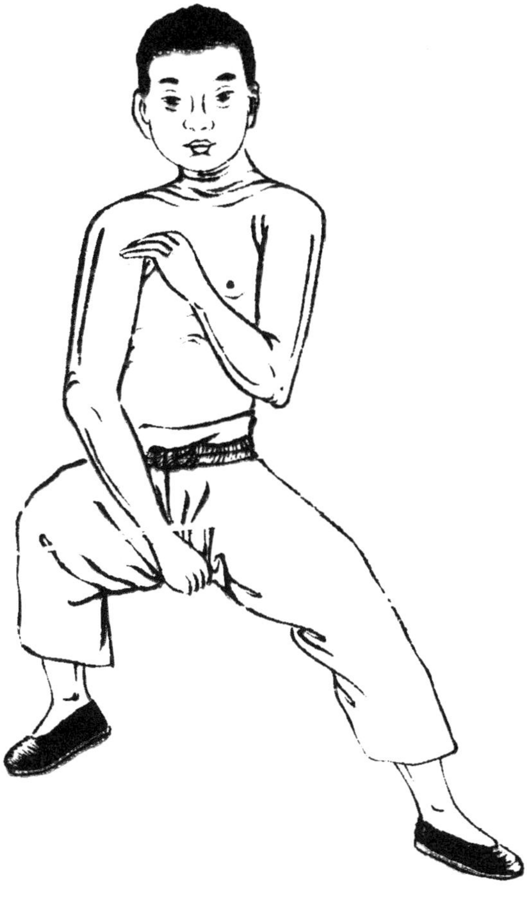

順鸞勢第三十一

旗鼓勢第三十二

卷一

十八字訣

人之一身，內而五臟六腑（五臟：心、肝、脾、肺、腎；六腑：膽、胃、大腸、小腸、三焦、膀胱也），外而五官（目肝竅，耳腎竅，鼻肺竅，口脾竅，舌心竅）、四肢（兩手足），皆以筋為脈絡。筋始於爪甲，聚於肘膝，裹纈於頭面。其動而活潑者，氣也，所以鍊筋必須鍊氣。氣行脈外，血行脈中，血猶水也，百脈猶百川也。血循氣行，發源於心（自子時始），日夜十二時，周流於十二經。瞬息罔間，潮血來迴，百脈震動。肝主筋而藏血，臟腑經絡之血，皆肝之所升運。溫升者，肝之性，升則流暢。陷於凝淤，久而失其華鮮，紅變而紫，紫變而黑，木鬱風動，疏泄不斂而泄矣。是故血氣之性不可逞，血氣之身尤當保矣。世當紅羊劫換，護身防匪莫如十八字訣，試為詳言。其用殘字者，以吾手緊直探其虛實之來，即以推字粘應，暗用疾字緊推，則無有不去也。援字者，及演吾手活潑，效猿猴之捷動。倘彼手未落，即用此手救之，迎其未來以奪之。奪者，搶也，奪其來力為吾手之用也。牽者，帶也，乃彼強我弱，手交即牽，使彼立止不定，借彼勢力為吾伸縮之用也。捺者，按也，乃須吾手練熟一股沉重活動之力，至於堅緊穩熟，跟彼方向沉按不離，為吾展施之用也。逼者，閉也，閉其身強力大，占彼半步，使其實為虛，為吾得展勢之用也。吸者，縮也，縮進吾身，全在順手一點之功。貼者，粘也，出手即粘，貴手去緊疾之至。攛者，掇也，彼上部勇猛，妙不與鬥，即變此手克之。圈者，順也，與吸相連而用；插者，堅也，以吾之實，能取彼之實也。拋者，丟也，驚彼慌張，為吾靜逸之用也。托者，幫也，有輔佐諸字之功。擦者，近也，手滯在何處，用緊近推之之意。撤者，攩（擋）也，周身練熟，取其力猛隱撤疾推相連運用甚速也。於中吞吐，更須練熟，其功浩大，用出使彼莫測。

其十八字要義，緊者須當日時練習，默喻其順逆遠近展施，宜週而復始，循環莫間，使筋直勁緊，骨節合縫，不至彎曲軟弱。種種既明，並悉周身穴道，能以弱推強，竅通虛之文也。夫摽者乃萬拳之宗，出沒有鬼神莫測之用，筆敘難盡其意，學者當尋明師以細究之。

附錄　殘字說

此手發出，變化多端，始勢最要詳明，周身俱要活軟。切不可實用力，用力難變。舉手一推盼彼胸，心切勿怯怕而致有悮。主乎手從腿邊起，至身當以二指為主，如箭射紅心，不可虛發。左手要顧自身，樁帶逼吸，腳不八不丁，手腕活軟心防變，膽放大，發出無差悮（誤）此殘

字之定勢，變化俱從始，大用推字詳之。

歌曰：不丁不人（八）立，左膝略略彎，身勢實在後，右步活自然。

推字說

推者探也，唯推之功最大，其餘字字循環，獨賴推字之功耳。學者至神明變化之後，全歸其功於推之一字，故稱曰「摽手」。手出時，疾速緊粘，捺撒相連，展施大用全在小掌。肩要消，膝要緊，步穩而不宜闊，闊立難變。謹防跌失，方無差悞（誤）。

歌曰：未粘切莫吐，一粘即用推。消肩並直腕，曲（屈）身步進移。

援字說

援者救也，防內門披攔截砍。左右隨吾邊門，抖手來極猛，即變此手救之。若彼將手托開，走邊門往後，用老猿攬肩、黃鶯抓肚勢，當隨向進步，主手援往不放，右手托在彼手，近身一步，隱緊擦掇疾推去之。

歌曰：手低其胸前，內來即便援。隨向用分順，疾吐莫遲延。

奪字說

此手法與援字相似，倘遇外門披攔截砍、雙手擒拿，即變此手取之。吾一轉即去，隱緊擦疾推去之。

歌曰：我手方才出，彼疾取外關。急回身勢奪，分推步向前。

牽字說

牽者帶也。彼上部勇猛，恐難取勝，交手即牽，使彼立止不定，借彼勢力，為吾伸縮之用也。左手亦要幫取，自樁立穩，腰帶吸字，隱緊擦掇疾推去之。

歌曰：出手取向中，任彼向後衝。借勢牽是帶，用順與奪同。

捺字說

捺者按也，乃須我手練熟一股沉重活動之力，至於堅緊穩熟，跟彼方向，沉按不離。雖是交手，不離其身，彼左亦左，彼右亦右，就其動虛之際，進前一步，隱撤推去甚速也。

歌曰：披攔併發托，輕捺自然粘。處處分虛實，每吐要消肩。

逼字說

逼者閉也，倘彼將起猛勢，舉手即閉，使其實為虛，為吾逞勢之用也。如其不逼，彼如亂拳紛來，吾徒勞而無功，彼更足跳手探，吾身穩而為虛。沉身強力大者，不逼而得勢，則對敵難勝，亦唯躲閉（避）倖取而已矣。夫躲避倖取，雖勝不足為法。蓋逼者，逼其進退之餘地，故曰占彼半步，使彼不能前進，而吾乃得一推而去矣。

吸字說

吸者縮也，吸逼二字相連運用在心，有保救諸字之功。當吾手發出，或有雙手擒住有想取吾胸膈與吾下部者，吾本手不能盡出，勢正危急，宜用此救之，謂吾氣入而身縮也。

貼字說

此手用法，與逼吸二字相連。手出時，周身俱要活軟，隨意而出。乃要直動曲取，重在迅疾之功，使彼莫測，借彼勢力，乘其虛之意也。

獵字說

此手變法，彼上部猛勇，本手難取，即變此手用之。彼用左手一挑，右手想取我胸或取我下部，邊門妙不與鬥，即變掇字克之。貴其速

也，不可候他身轉，轉外跟外，轉內跟內，左手付住彼右手，用推掇去之。

圈字說

此手變法，倘遇用牽之時，彼即跟進，勢正兇勇，本手不能發出，即變此手救之。全在順手一轉之功，乘其虛之意也。

插字說

插者刺也，堅而入之也。倘彼外來披攔截砍、雙蓋手、肩峰坐肘手，來勢凶勇，本手不能進取其中（不能進取其中而取彼兩邊），即變此手插字克之，全在一股堅勁之功。手落時，肩貼他肩，左手幫助同去，亦有三分借彼勢力乘其虛之意也。倘彼內來披攔截砍，即變左手插取之。

抛字說

此手變法，吾手一出，彼用披攔砍截手攻進吾身（已進吾身矣），想砍下吾手。重在相貼之時，變出一浮字兜住彼手內轉，半手顧收，左手封住彼身勢，暗用擦撤堅推，無有不去者。

托字說

此手法有幫助諸字之功，幾手俱不能離，學者熟練之，大有救佐之功。吾手一出，彼用雙蓋手意取我上部，吾變重變時，勿使彼蓋下，主手插進，用一股救勁兜住，左手封逼，使彼難變，用撤擦緊推，無有不去者。此借彼勢乘其虛之意也。

擦字說

此手用法，吾手發出，彼用斂步，躲閃自勢。吾當手貼不離，腳隨彼轉，滯在何處，即在何處用之。或有用外雙擒手托住者，當先分他虎口，身緊一步，肘上帶按，隱緊逼撒疾推相連運用，此驚彼慌張，為吾凶勇之用也。或用雙分手，將吾手托在腦頂，意想取吾胸膈與吾下部，吾當進一步，即在頂上隱緊逼撒疾推去之（右手即推彼嘴）。更有左右相換陰陽手者，用牽字帶下仍出亦可，學者宜詳之。

撒字說

此手與推字相似，彼前明進吾身，攩（擋）其力猛，當即用此。彼左則左出，彼右則右出，隨內進步勿怯，大有瀟灑脫離之勢。

吞字說

吞者沒也，防內、外、上、中、下五門，披攔截砍、雙分手、雙蓋手來勢凶勇，即變此法，使彼莫測，大用在吐字詳之。

吐字說

吐者伸也，舒伸吞吐，相連運用，出沒令彼莫測其端，方為有得。所謂於中吞吐，更須練熟，蓋遇至而吐，一吐復吞，其有關於諸字者大矣。

十八字理訣

此手精奇，不用猛力，文人弱士，皆可學習；總究其理，十八字勢，按上中下，左右進取；上中宜緊，下部曲（屈）膝，舉身立腳，切

勿用力；直由子午，後曲前直，如十八字，各隨所宜；殘推援奪，牽捺逼吸，抛托擦撒，隨手順意；逼擦隨轉，借彼勢力，手到其胸，急推莫遲；攛不與鬥，貼跌更奇，彼來凶勇，圈插敵之；以柔克剛，以疾克遲，以靜待動，以曲取直；任彼千變，我心則一，身正貌柔，意捷氣吸；性靜情逸，目定神恬，進生退死，畏懼不得；入門手法，出手緊直，來身十鈞，以捺緊抑；手從足進，肩亦隨之，其中奧妙，瀟灑脫離；來有蹤影，去無形跡，後其所發，先其所至；字字循環，一能克十，一字不精，難以云成；視之如歸，奪之如虎，謹防跌失，方無差誤；勤演熟練，護身有益。姦（奸）匪不授，切記勿違。

出手總訣

手從腿邊起（肩往下沉，手頭輕起，對胸出手，他變我跟），側身步輕移（側身出步，輕輕著地，不可蹈實，實難變移），藏勢彎左膝

（左膝略彎，身勢在後，右手身步，活變自然），殘軟近粘其（但凡出手，要軟如綿，任彼兇來，輕輕急粘），才粘即推吐（方才粘著，疾忙推吐，粘處先發，直腕消肩），消肩不可遲（粘處起推，直腕消肩，蓋身進步，切莫遲延），內來援回救（彼取我內，回手救之，步對其襠，方向自然），外關奪相隨（彼取我外，回勢奪之，手足同進，分推向前），順勢牽可用（來勢猛勇，盡力向前，順借其勢，隨向可牽），擒攔捺正宜（擒搶吾手，攔砍撥開，輕捺按定，分推向前），逼彼吸猛勢（將起猛勢，粘彼向前，滯死其力，阻其活便），吞吐吸最奇（披攔截砍，欲斷我手，將靠即吸，毫忽不疼），腳不丁不八，兩股收而夾，腰要如帶束，平視頭略拔（起也），兩拐顧兩腋，勁從心裏發，三尖要相照，肩要卷緊壓，神情竟思得，繩墨傳勿錯（千金一訣，練就各節，吞吐齊應，妙難盡說。外借彼力，順勢取虛，內借己力，各節應推）。

七言歌訣

雙手軟舉步進移，左手顧胸右抵臍；手來粘彼體用力，才粘即吐莫待遲；內外兩門中上下，跟彼隨彼莫放離；外來上面傷耳項，右手橫挑左攻臍；腰脇之處彼來攻，反（覆也）手藏身左取中；擒捺任彼雙單手，取其手頸自然鬆；披攔截砍吾手歸（謂彼以披攔截砍來，吾手略歸也），兩手上下一同追；我手或被彼砍落，本手復發急相推；內傷面目右急回，反手吐出任掌搥（捶）；左手往下捺亦可，本手急推莫待遲；彼我同門共取胸，雙手橫推（橫推彼以子午來，我以卯酉推也）可搶功；若還發出不多遠，反手補出急如風；撈腳搶腿彼勢兇，落身進步對胸衝；下地落膝撈搶者，雙手推掇去無蹤；倘彼擒就急落身，捺頸摳襠（耳襠也）跌更精；披攔截砍雙單擒，照此用法任施行；撈腳搶腿皆同樣，須要改手取內門（左膝一跪，彼手自解）；步法每出不換移，右足隨手邏周圍；四肢筋勁宜沉緊，濡滯帶浮難以成。

擒拿解法（雙擒跟手轉、單擒插帶攣）

出手每用殘粘入，須防內外雙單擒；內關用援外關奪，分開解脫各依門；外邊單擒或左右。左分虎口右脛尋；彼若兩手齊拿緊，分取一手兩不成；內邊彼若兩手援，對頸疾推去無形；右手輕捺分虎口，近步疾推莫留停；若是雙拿仍取一，兩手自開痛失神；擒拿法廣難盡載，要皆可以觸類行。

空練二十則

每空練必要沉肩，磨去肩力。出手略曲（屈），推肘即直。將肩放鬆，手去自長。

每空練必要手足身勢一同而去，勿許先後。

每空練必要想其對心打來，須讓開其拳，手足同進，對向推之。

每空練必要殘軟相粘，才粘疾忙推吐。

每空練必要手頭起推，消肩直腕，蓋身進步。

每空練必要想內來即用援法，粘面分推（每推即粘人面）。

每空練必要想外來即用奪法，粘面分推。

每空練必要按上中下高低進取。

每空練必要想其方向或左或右或直或橫。

每空練必要腳頭鏟進，不可彎膝提高。

每空練必要提防我推時彼即變化，要隨其變而仍取之。

每空練必要手足身勢快疾如風，身輕腳便全無凝滯。

每空練必要想彼來如猛虎之勢，我急逼其勢而輕粘之。

每空練必要想內右單擒左單擒各分法取之。

每空練必要想外左單擒右單擒各分法取之。

每空練必要周身上下人不可粘，粘即對而推之。

每空練必要想其盡力連身向前打來，借兇勢牽之。

每空練必要想其或攔開我手或撥或抬，須輕捺定，分取推之。

每空練必要想其或攔或砍或截或翦欲斷我手，待將近而吸之。

每空練必要想我手被砍落，於落粘處仍取進步推之。

以上各訣不過錄其大要，必須時習熟練，精益求精，則巧於焉，生工於焉。畢諺云：「拳不離手」；又云：「熟能生巧」，吾願習拳者識之弗忘。

辛亥十月耐冬子暘曜錄

卷二

內家張三峰拳法

餘姚黃百家主一著

自外家至少林其術精矣。張三峰既精於少林，復從而翻之，是名內家。得其一二者，已足勝少林。王征南先生從學於單思南，而獨得其全。余少不習科舉業，喜事甚，聞先生名，因裹糧至寶幢學焉。先生亦自絕憐其技，授受甚難其人，亦樂得余而傳之（有五不可傳：心險者、好鬥者、狂酒者、輕露者、骨柔質鈍者）。居室敧窄，習余於其旁之鐵佛寺。其拳法有應敵打法色名若干（長拳滾斫、分心十字、擺肘逼門、迎風鐵扇、異物投先、推肘捕陰、彎心杵肋、舜子投井、剪腕點節、紅霞貫日、烏雲掩月、猿猴獻果、綰肘裏靠、仙人照掌、彎弓大步、兌換抱月、左右揚鞭、鐵門閂、柳穿魚、滿肚疼、連枝箭、一提金、雙架筆、金剛跌、雙推窗、順牽羊、亂抽麻、燕抬腮、虎抱頭、四把腰等法）。

穴法若干（死穴、啞穴、暈穴、咳穴、膀胱、蝦蟆、猿跳、曲池、鎖猴、解頤、合谷、內關、三里等諸穴），所禁犯病法若干（懶散遲緩、歪斜寒肩、老步腆胸、直立軟腿、脫肘截拳、扭臀屈腰、開門捉影、雙手齊出），而其要則在乎練，練既熟，不必顧盼擬合，信手而應，縱橫前後，悉逢肯綮其練法有：練手者三十五（斫削科磕靠擄逼抹芟敲搖擺撒鐮囂兜搭剪分挑綰衝鉤勒耀兌換括起倒壓發插削鈎）；練步者十八（蹅步、後蹅步、碾步、沖步、撒步、曲步、蹋步、斂步、坐馬步、釣馬步、連枝步、仙人步、分身步、翻身步、追步、逼步、斜步、絞花步），而總攝於六路與十段錦之中有歌訣，其六路（歌曰：佑神通臂最為高，斗門深鎖轉英豪；一人立起朝天勢，撒出抱月不相饒；揚鞭左右人難及，煞錘衝擄兩翅搖。其十段錦曰：立起坐山虎勢，迴身急步三追。架起雙刀斂步，滾斫進退三迴。分身十字急三追，架刀斫歸營寨。紐拳碾步勢如初，滾斫退歸原路。入步韜在前進，滾斫歸初飛步。金雞獨立緊攀弓，坐馬四平兩顧）顧其詞皆隱略難記，余因各為詮釋之，以備遺忘。（詮六路曰：斗門，左膊垂下，拳拳相對為斗門。右足踝前斜，靠左足踝後，名連枝步；右手以雙指從左拳鉤進復鉤出，名亂抽麻。右足亦隨右手向左足前鉤進復鉤出，作小蹋步還連枝。

通臂：長拳也。右手先陰出長拳，左手伏乳。左手從右拳下亦出長拳，右手伏乳，共四長拳。足連枝，隨長拳微搓挪左右。凡長拳要對直手背，向內向外者，即病中截法拳。

仙人朝天勢：將左手長拳往右耳後，向左前斫下，伏乳。左足搓左，右手往左耳後，向右前斫下，鉤起，閣左拳背。拗右拳，正當鼻前，似朝天勢，右足跟劃進當前，橫向外靠。左足尖如丁字樣，是為仙人步。凡步俱蹲矬，直立者病，法所禁。

抱月：右足向右至後大撒步，左足隨轉右，作坐馬步。兩拳平陰相對為抱月，復搓前手還斗門，足還連枝，仍回長拳。斂左右拳，緊叉當胸。陽面，右外左內，兩肘夾肋。

揚鞭：足搓轉向後，右足在前，左足在後，右足即前進追步。右手陽發，陰膊直肘平屈，橫直如角尺樣。左手扯後伏脅，一斂轉面，左手亦陽發，陰左足進同上。

煞鎚（錘）：左手平陰屈橫，右手向後兜；至左掌，右足隨右手齊進至左足後。

衝擄：右手右後翻身直斫，右足隨轉向後，左足揭起，左拳衝下著左膝上，為釣馬步。此專破少林摟地挖金磚等法者。右手擄左肘，左手即從右手內豎起，左足上前逼步，右足隨進，後仍還連枝，兩手仍還斗門。

兩翅搖：兩手搖擺，兩足搓右作坐馬步。兩拳平陰著胸，先將右手掠開，平直如翅，復收至胸，左手亦然。

詮十段錦曰：坐山虎勢：起斗門，連枝足搓向右作坐馬，兩拳平陰著胸。

急步三追：右手撒開，轉身左手出長拳同六路。但六路用連枝步，至搓轉方右足在前，仍回連枝步。而此用進退斂步，循環三進。

雙刀斂步：左膊垂下，拳直豎當前，右手平屈向外，搓左足內兩足緊斂步。

滾斫進退三迴：將前手抹下，後手斫進，如是者三進三退。凡斫法上圓中直下仍圓，如鉞斧樣。

分身十字：兩手仍著胸，以左手撒開，左足隨左手出，右手出長拳，循環三拳。右手仍著胸，以右手撒開，左足轉面，左手出長拳，亦循環三拳。

架刀斫歸營寨：右手復叉左手內，斫法同前滾斫法，但轉面只三斫，用右手轉身。

紐拳碾步：拳下垂，左手略出，右手下出上進，俱陰面。左足隨左手，右足隨右手搓挪，不轉面兩紐。

滾斫退歸原路：左手翻身三斫，退步。

韜隨連進：左手平著胸，略撒開平直，右手覆拳兜上，至左手腕中止。左足隨左手入斂步翻身，右手亦平著胸，同上。

滾斫歸初飛步：右手斫後，右足搓挪。

金雞獨立緊攀弓：右手復斫，左足搓轉，左拳自上至下，左足鈎馬，進半步，右足隨還連枝，即六路拳衝鈎馬步。

坐馬四平兩顧：即六路兩翅搖擺還斗門，轉坐馬搖擺。

六路與十段錦多相同處，大約六路練骨使之能緊，十段錦緊後又使之放開）先生見之笑曰：余以終身之習，往往猶費追憶，子一何簡捷若是乎？雖然，子藝自此不精矣！先生之所注意，獨喜自負，迥絕乎凡技之上者，則有盤斫（拳家唯斫最重，斫有四種：滾斫、柳葉斫、十字斫、雷斫，而先生另有盤斫，則能以斫破斫），此則先生熟久智生，劃焉心開而獨創者也。方余之習拳於鐵佛寺也，琉璃慘澹，土木猙獰，余與先生演肄之餘，濁酒數杯，團圞繞步，候山月之方升，聽溪流之嗚咽。先生談古論今，意氣慷慨，因為余兼及槍刀劍鉞之法曰：「拳成，此外不難矣！某某處即槍法也，某某處即劍鉞法也。」以至卒伍之步伐、陣壘之規模，莫不淋漓傾倒。曰：「我無傳人，我將盡授之子。」余時鼻端出火，興致方騰，慕睢陽、伯紀之為人，謂天下事必非齷齪拘儒之所任，必其能上馬殺敵，下馬勤王，始不負七尺於世。當是時，西南既靖，東南亦平，四海晏如，此真挽強二石，不若一丁之時。家大人見余斫弛放縱，恐遂流為年少狹邪之徒，將使學為科舉之文。而余見家勢飄零，當此之時，技即成而何所用，亦遂自悔其所為。因降心抑志，一意夫經生業，擔簦負笈，問途于陳子夔獻、陳子介眉、范子國文、萬之季野、張子心友等，而諸君子適俱亦在甬南。先生入城時，嘗過余齋，談及武藝事，猶為余諄諄愷切曰：「拳不在多唯在熟，練之純熟，即六路亦用之不窮。其中分陰陽，止十八法，而變出即有四十九。」又曰：「拳如絞花棰，左右中前後皆到，不可止顧一面。」又曰：「拳亦由博而歸約，由七十二跌（即長拳、滾斫、分心十字等打法名色）、三十五掌（即斫、刪、科、磕、靠等）以至十八（即六路中十八法）；由十八而十二（倒換搓挪滾脫牽綰跪坐撾拿），由十二而總歸存心之五字（敬緊徑勁切），故精於拳者，所記止有數字。」余時注意舉業，雖勉強聽受，非復昔日之興會，而先生亦且病貧交纏，心枯容悴而憊矣！今先生之死止七年，吾鄉盜賊亦相蟻合，流離載道，白骨蔽野。此時得一桑懌，足以除之。而二三士子，猶伊吾于城門晝閉之中，掌事者命一二守望相助等題，以為平盜之政；士子摭拾一二兵農合一之語，以為經濟

之才。龍門子秦士錄曰：「使弼在，必當有以自見。」言念先生竟空槁三尺蒿下，寧不惜哉。嗟乎！先生不可作矣！念當日得先生之學，即豈敢謂遂有關於匡王定霸之略，然而一障一堡，或如范長生、樊雅等保護黨閭，自審諒庶幾焉，亦何至播徙海濱，擔簦四顧，望塵起而無遁所如今日乎！則昔以從學於先生而悔者，今又不覺甚悔夫前之悔矣。先生之術所授者唯余。余既負先生之知，則此術已為廣陵散矣。余寧忍哉！故特備著其委屑，庶後有好事者，或可因是而得之也。雖然，木牛流馬，諸葛書中之尺寸詳矣，三千年以來，能復用之者誰乎？

外家少林宗法

達摩五拳

少林技擊，以五拳為上乘，至精至神之術，非於此道所有領悟，或工夫欠缺、氣力未純者，皆不輕易傳授，固非吝惜隱秘，蓋此中三昧，不易通曉，即朝夕從事於斯，若不悟其用精用力之微，亦不過襲其皮毛，終無是處，此少林精技所以鮮傳人也。

五拳之法，傳自梁時之達摩大師。達摩師由北南來，徒從日眾，類皆精神萎靡，筋肉衰憊，每一說法入座，則徒眾即有昏鈍不振者。達摩師乃訓示徒眾曰：「佛法雖不重軀殼，然不了解此性，終不能先令靈魂軀殼相離。是欲見性，必先強身，蓋軀殼強而後靈魂易悟。果皆如諸生之志靡神昏，一入蒲團，睡魔即侵，則明心見性之功，俟諸何日？吾今為諸生先立一強身術，每日晨光熹微，即起而習之，始能日進而有功。」於是乃為徒眾示一練習法，其前後左右都十八式。

先排步直立，吁濁吸清，挺腰鼓肘（此乃足肘），凝神靜氣，正體努目，此為入手之內功。

朝天直舉

即以手朝上伸舉，氣貫三焦，左上則右下。兩掌須平，掌心相印，名為朝天踏地，此為二手。

排山運動

上式演畢，即將足排開一尺餘距離，用柳葉掌向前推排，左右前後次第推運，仍須力貫掌心，氣發丹田，有猛虎下山之勢，此為四手。按此與岳武穆雙推手法相類，不過岳是雙掌齊出，此是單掌前推後應，似稍異耳。

黑虎伸腰

前式畢，收足正立，丹開短馬，兩手仍作上式左右分推，由短馬變為高馬。必須以腰用力，兩手齊出，且伸滿時兩掌心與後足心更須相印，如是左右前後起落伸推，久之則腰膝堅強，收效甚速，此為四手。

雁翼舒展

伸推畢，收買排足，略事休息，再吸氣一口，下貫丹田，用手緊貼腿部，運腋力由下漸起，以平肩為度，如舒雁翼。且兩手起時，足跟隨起，落則隨落，腰須硬實，足尖得力。兩手起時，隱覺氣實胸開，肱漲指熱，方為得益，此為一手。

揖肘鉤胸

先排正兩足，再以右足或左足踏進一步，以陽掌平排揖下至膝為止（先屈掌至膝變為平掌）。收轉時，以漸次作鉤曲勢，緊貼至胸，腰稍向後翻，使氣注丹田，力鼓兩肘拐。但揖下時身須低伏，後足跟不可離地。此為氣功手法，河南、江西派及川黔楚湘等處之拳技家，多如此法練習，亦少林宗法之衣缽也，此為一手。

挽弓開腳

此與世俗所傳之八段錦中左右開弓如射雕正復相類。其少有不同者。此係短馬，彼以正立，其效遂相去甚遠。如練習時，可依乘馬射球之式，腰須後翻，一字地盆，即為合法，此為一手。

金豹露爪

以上均掌手勢，此乃變為豹拳式也（豹拳式手指之前中二節作鉤勒形，大節與掌背平，拇指亦作曲形，緊貼掌邊），練習時如左手握護，則用右手作豹爪拳，盡力推出，兩手循環練習，唯必須開聲吐氣（氣出之時，必須與拳力相應），兩足仍作半馬，用力與前無異（即肘力是），此為一手。

腿力跌蕩

前式用手，此乃用足，其法有四：

一、足尖直踢　此踢足須稍低，高則無力而有弊。

二、橫腿掃擊　此出橫腿，其勢如掃身須側，收腿宜速。

三、展腿高舉　此腿法不可輕用，因舉起既高，身法虛空，在在堪慮，若遇名家，易為人制。需練習精到，出落如風，方免意外之虞。演時左右前後習之，必須力貫足尖為要。

四、鉤腿盤旋　此其法腳尖由外而向內鉤盤，練習時兩腿如畫大圈，身法仍以半馬為宜。

五、拳之增益變化

如上四法，合之前述，曰十八法，又曰十八羅漢手，即達摩初祖之開宗法也。當時第為強筋壯骨之用，至達摩師圓寂，徒眾星散，幾絕衣缽。數百年後，乃有覺遠上人，以嚴州名公子，剃度少林。上人本精劍術，技擊得真傳，展發為七十二手法，猶不自滿，復挾資雲遊偏訪專家。得蘭州李叟，介紹於太原技擊泰斗白玉峰先生，遂同寓洛之同福禪院，朝夕研究，白氏為增至百七十餘手法，名之曰龍虎豹蛇鶴五拳。白氏年已五十餘，猶無子嗣，遂亦剃度，同歸少林，號曰秋月禪師。自得二氏之變化增益，而斯道乃集大成，真吾宗之馬鳴龍樹也。

五拳之精意

少林技術，自白氏來而宗法一變，初學為強身之練習，繼乃成技擊之絕學，推其淵源，雖白氏實集其大成，而覺遠上人之功終不可掩也。

白氏曰：「人之一身，精、力、氣、骨、神，五者必須交修互練，始臻上乘，否則江湖之野技，不足傳矣。」以故創此五式，內外並修，至今之專門名家，猶莫能出此範圍也。

龍拳練神

練習時周身無須用力，暗聽氣，注丹田，遍體活潑，兩臂沉靜，五心相印（即手心、足心與中心），如神龍游空，夭矯不測。

虎拳練骨

練時須鼓全身之氣，臂堅腰實，腋力充沛，一氣相貫，始終不懈，起落有勢，努目強項，有怒虎出穴兩爪拔山之勢。

豹拳練力

豹之威不及虎，而力較虎為巨，蓋以豹喜跳躍，腰腎不若虎之弱也。練習時必須短馬起落，全身鼓力，兩拳緊握，五指如鉤銅屈鐵，故豹式多握拳，又名為白豹拳，正以此也。

蛇拳練氣

氣之吞吐抑揚，以沉靜為主，柔實為主，如蛇之氣節靈通，其有物也。若甚無力者，一遇物通，則氣之收斂，勝於勇夫，有經驗者，自能知之。練氣柔身而出臂腰，駢兩指而推按起落，若蛇之有舌，且游宕曲折，有行乎不得不行，止乎不得不止之意，所謂「百煉鋼成繞指柔」者即為此寫照也。

鶴拳練精

此拳以緩急適中為得宜，蓋取於鶴之精足神靜，故練習時須凝精鑄神，舒臂運氣，所神氣自若，心手相應，獨立華表，高懸千仞，瞑心孤注。久練自能於言外得之，非倉促所能領悟也。

五拳學之能精，則身堅氣壯，手靈足穩，眼銳膽壯。倘與人搏，出一指半足之功，便可壓倒庸流，是在學者苦心孤詣求之而已。

拳經行拳法

行拳注意

拳術者，所以長體力、腦力及果敢冒險等之力者也，然行之不得其法，則非徒無益，而反有傷身之害，故特舉行拳注意之要結於左，以便研究云。

第一 活動

行拳時，直先伸縮四肢，以運動全體筋骨血脈，並宜呼吸數次，以舒展肺體，庶免生色激暴等弊。

第二 呼吸

行拳時，宜先存口氣於丹田，使始終不洩，可免傷氣等症。行拳後，氣雖急，不可大開肺量，逞其呼吸，但口亦不可緊閉。

第三　坐臥

凡行拳後切不可即行坐臥，蓋大運動後百脈震動，氣息方炎，於此時而或驟使之靜，則血氣不勻，而氣急頭暈等病因之而作，於養身一道大有窒礙，故善養氣者未有不注意於此法也。

第四　飲食及動靜

行拳後不宜飲食，當隨意行走八九分鐘，待血氣既定，然後可以隨意自由。

第五　叫應

夫行拳，心目手足須隨時叫應方能實用，如足踢則手應之，手出則目注之，而心問之，須時時流動，四顧周身，不可注意一端。

金槍手

捧手（雙掌朝天，平出相併）、攔腰（雙手收進，握拳於腰際）、鑲拳（出雙手，從兩旁鑲進）、落手（手下落）、下步蹄麟七星手（右足後退作丁字勢，以右掌加左掌腕間）、踏步一拳（右手下撩，左足進步作步勢，右手平拳）、撩手坐馬拳（左手撩，右足上作騎馬勢，右出平拳）、塔步挠肘（左足後拖，轉身作弓勢，右肘左手輔之）、掛面（出反拳，從上下擊）；勝步摸手（右足騰進作騎馬勢，左手向左撐）、帶手面掌（左手上撩變弓勢，出右掌）、落步蹄麟擱手（右手收進，握拳於腰際，腿落一步作丁字勢，右掌護前）、踏步面掌（左手下撩，進蹈弓勢，右手出掌）、雙粤手（以雙手從下操起）、塔步雙掌（左足後拖，轉身出雙掌）、太保拴旗（右足向右一步移作丁字勢，右拳趨天，左拳護其下）、起腿（左足起腿）、辟腿（右足連腿，左手指之）、坐馬拳（騎馬勢向右平拳）、上步挠肘（左足上前一步，出右肘左手輔之）、雙分（雙手向上雙分）、進步美女梳妝（右足進步，左足起丁字勢，左手上捲右手下槅）、回身鳳凰曬羽（以雙拳從胸外張）、起腿（左足起腿）、跨馬腿（右足再起一旋腿，左手拍之）、郎生披久

（向右作長足步，雙拳收於腰）、進步雙丁肘（右足進步作騎馬勢，出左右丁肘）、削手後丁肘（用半掃轉身，右手下削，左手握拳出後丁肘）、回身蹄麟七星手（右足上步，左足起丁作回身七星手）、上步越掌（左足上步作弓勢，雙掌對指推出）、活步再掌（反身作弓勢再越掌）、梢五花半掃（左足橫一步，用捲五花半掃進）、進步獅子抱球（右足向右一步，左足起丁勢，兩手勾右膝左右）、蹈步一魁手（如上）、活步（如上）、蹄麟七星手（如上抱拳亦可）。

魯智深下山

捧手、平掌、護腋、雙斫、丁肘、壓、拖刀勢、帶手磕肘、掛面、一炭一魁手、梟五花半掃、粵磨一魁手、上步青龍、合口、活步總裹旗門、梟五花起腿、軋、妒、刺、梟五花半掃，進步一魁手、梟手一插手、起旋風、梟手腿軋、粵磨一魁手、上步再軋、回身梟手、右臂手、磕肘、掛面、一炭一魁手、妒、雙挖、回身梟手左臂手、磕肘、掛面、一炭一魁手、躲、擘腿、梟蓋穿腿、擼進一拳、炭手進步一魁手、梟手穿腿、擼進一魁手、孛西掛手、起腿、落步穿腿、擼進一魁手、削手後丁肘、紮步、雙梟雙插、雙分、斂手。

魯智深搶酒

斂手、落手、撩理、捧閭手、帶手平步拳、下探一魁手、向北穿腿擼進一拳、下探一魁手、向南穿腿擼進一拳、落步拖刀勢、紮步青龍合口、活步流海圈、帶手挩肘、上步雙分、進步詐跌螳螂手、迫衣腿、回身圈合盤、帶手挩肘、掛面、一探一魁手、帶手一削手、上步二削手、活步三削手、帶手衝拳、起出旋風腿、卷蓋穿腿、擼進一拳、下探一魁手、捐五花半掃、紮步丁肘、捐五花半掃、掃撻掌、下步拖刀勢、紮步雙捐、雙插、雙分、欽手。

羅漢拳一

欽手、落手、上分、上步雙掌、進步再掌、回身丁肘、單掌、進步探掌、雙捉手、丹鳳朝陽、捲五花、半掃、帶手進步一魁手、撩手粵掌、金絲纏臂、起腿、擼進一魁手、捲五花半掃、塔步一魁手、帶手踏三角步、旗角手、超天手、起腿、連環腿落步丁肘、一督手塔步、拔刀勢、捲五花插拳、落步蹄麟七星手。

羅漢拳二

欽手、雙壓手、上步單邊掌、進步衝天拳、騰步金雞獨立、帶手金鼓齊鳴、捲五花半掃、躂步陰陽反照、帶手二龍戲珠、上步蜘蛛抽絲、騰步丁肘、吊手出掌、捲蓋墊步、穿腿、擼進一魁手、捲五花半掃、墊步穿腿、擼進肘抗、起出三迫行腿、落步並拳、撩手插拳、起出金鳳腿、落步平拳、上步雙分、進步上捲下搨、回身丁肘、上步單邊掌、搭步閣班手、捲蓋騰步雙拳入海、一越手、進步上捲下搨丁肘、上步單邊手、搭步閣班手、捲蓋騰步雙拳入海、活步妒、捲蓋騰步穿腿、雙操手、塔步七星手。

拳經潭腿卷二

潭腿之功用

余從事於山都之彈簧啞鈴操有年，其運動格式都十九種如式，練習全身筋肉發展。當時曾請世界體操之法，無逾於此，故遇朋輩之體質孱弱者，必為之介紹。迨舊歲，霍元甲先生創精武體操學堂，於海上就學焉。見其所謂潭腿者，方覺前時見聞之陋而自愚，更以愚人也。蓋余素輕視徒手體操，以其用力無多，退步甚緩，故假啞鈴之彈力以促筋肉之發生。曾不料吾國之技擊，只握空拳而筋肉發展竟勝啞鈴萬萬也，謂非潭腿之功得乎！潭腿傳聞出自龍潭寺，故以潭名。其格式分為十二路，每路以簡易之法蘊變化之機，初學者未窺其奧，輒鄙夷之，不知人身之力，未經鍛鍊，金屬虛浮，雖能扛鼎，何裨實用？人所貴夫力者，冀能以之貫注手足使為我用耳，初學鮮有知此者，故僅求潭腿形式，而忽略其精彩，賈櫝還珠，抑何可笑！然知而不言，咎在吾輩，故不嫌贅辭，細述其功用如左，或亦同志所不棄乎。

一長氣力

初學者脈絡筋骨不甚靈活，故手足發力甚微，迨習之既久，氣由腋肋漸達指尖，期時力隨意注運動時，手足出發有定點，使能勤以赴之，則筋肉日長而氣力日增矣。

一穩步武

未經練習之人則上重下輕，足掌又不能前後著地，一經用力，自如懸旌而足顫動不已。昔之技擊家，必先令學站樁，手足不動，殊乏興味。潭腿法則借手足之運動，以壓減學者生厭之心，可謂法良意美，唯初練數日，必覺全身酸痛異常，膝蓋尤甚。此無他，內部筋肉由多數之運動漸漸發生故耳。際此切勿畏難，須尚向前猛進，不旬日間，酸痛去而足踵強矣。舊歲來學者，多有因此生疑，教員格於方言，無從解辭，而肉食輩又以內傷之說相恐嚇，致阻其嚮學之熱心，惜哉！

一致實用

潭腿非可只能自行練習，又可覓氣力相當者逐路對打，名曰：「接潭腿」。行之既久，躲閃勾撇，矯捷異常，設遇對家，即可施諸實用。至手眼身步法（**乃北方技擊家術語，即手法眼法身法步法也**）之藉以日益精進，猶其餘事耳。

一堅筋骨

潭腿既云可接，則手足必互相抵觸，須知抵觸愈力，則筋骨愈堅，有練未半年其臂膊腿足堅如鑌鐵者。然精進與否，亦視其人耐苦心如何也。唯較之昔日打樁打沙袋等事，輕重難易之相去，不可以道里計。蓋對家均係氣力相當者，已覺痛楚，非與木樁等相接觸，僅僅自己苦而已也。

綜上所述，不過舉其崖略，至其中變化，頗難以筆墨形容，非至熟極而流之候，亦不自覺。據云北方習武之儔，僅以潭腿一路習之數年者所在多有。彼足不蹴則已，一蹴則三百斤之石滾去尋丈外，以人當之，其不斷折筋骨者幾希。廣東劉君前曾習南派技擊十餘年，每晨到會參觀，迨報名後，立意固超絕庸流。彼曾習一拳半腿，浮躁急進之輩，謬以陰手陽手之說相問難，藉以自炫，希求捷徑，罔顧根底者，定僅對於劉君有愧色，多見其不知量耳。前月分會成立，學者七十人，孜孜不倦，雖遇雨無篷帳遮蔽，乃練習如故。星期日尤能不辭勞瘁，同赴總會互相討論，先進之同學亦感彼熱誠，樂為指導，每夕派二會員輪赴分會以輔教員之不及。循是以往，將來學業精進，容有艾乎！不禁額手為吾國武術前途幸。

潭腿十二路

頭路　衝掃

二路　踼打

三路　劈紮

四路　撐剁

五路　摘槌（棰）

六路　單躦

七路　雙躦

八路　墩坐

九路　碰鑽

十路　碾彈

十一路　上中下

十二路　進步橫擂

頭路衝掃

起勢，立正足尖併。右手向右伸直與肩平，握拳，虎口向上。左手掌手心向右，置右肩前，右臂屈曲在胸前，胸挺身直頭正。

一、變弓勢。左手握拳向左衝打，自脇出伸直，虎口向上，面向前。右手不變。

二、變馬勢。面向前，右手不變，左手向內屈曲在胸前，虎口向上。

三、左手向下打，自膝而下，然後向後即變弓勢。右手自地下向左向上掃打，與肩平止。身面左後偏向左，右手握拳作一字形，虎口均向上。

四、右手用力向內屈，夾脇邊，拳背向下，餘不變。

五、右足低跌，高不過膝，落地身向左轉。

第一段完，第二段照舊，唯左右互相反用，如是三段完，多亦可。

以後每路如此，故後不詳載。

二路踢打

起勢同。

一、變馬勢。左右手握拳，左手向左打與肩平，拳背向上。右手向內屈在胸前，拳背向下。

二、身面向左轉，變弓勢。右手向前打，拳背向上。左手向內屈，拳背向下。

三、右足向前低跌。左手向前打，拳背向上。右手內屈，拳背向下。左足落地，身向左轉。第一段完。

注意

每一動內所有動作均同時發出或相去極近。

每一動作均須用力。

拳藝衛生編卷三

氣血說

氣為衛，血為營，人之一身全恃營衛，故曰「營非衛不運，衛非營不和。」然氣為主，血為臣，衛為重，營為輕，故血有不足可以暫生，氣而不生立即死矣。此休寧汪氏之所以云「人身所恃以生者，此氣也。」今請論其概：氣出中焦，總統於肺；外護於表，內行於裏；出入升降，全體周章；須臾不息，晝夜恒常。所以鼓血進行者，唯此氣也。

血有水穀之精也，化自脾胃，總統於心，受令於肝，胣泄於腎，宣布以肺，循脈環行，罔分赤白，灌溉周身，目得之而能視，耳得之而能聽，手得之而能攝，足得之而能行，所以藉氣之發縱而實行滋養者，唯此血也。總之，血也，氣也，相輔而行，不可或傷者也。是以營衛調和，腑臟得所，出入升降，濡潤宣通，飲食日滋，陽生陰長，六經恃此，長養百脈。由此充盈，即神仙之修養，靡不由此也。假使七情交致，五志妄興，氣弱血虧，失常乖戾，清者化而為濁，行者阻而不通，表失讓衛而不和，裏失營運而弗順，則虛勞脈澀，血液妄行，諸病之叢生，即死亡之凶兆也。嗚呼！血盛則容壯，氣弱則形衰，氣血既難和而易虧，可不謹養乎哉！

五臟說

人身最要機關是唯五臟，誠能深明乎五臟，其于求仙卻病之道庶幾得之矣。今謹將五臟形象暨受病之因、免病之訣，分類摘錄，俾於未病之先，知所儆懼，方病之際，知所治療。而脾胃為養生之本，更當於飲食間加之意焉。

心臟（形如未開蓮蕊，中有七孔三毛，位居背脊第五椎，各臟皆有係於心）

屬火，旺於夏四五月，色主赤，苦味入心，外通竅於舌，出汁液為汗，在七情主憂樂，在身主血與脈，所藏者神，所惡者熱。面赤色者，心熱也；好食苦者，心不足也；怔忡善忘者，心虛也。心有病，舌焦苦，喉不知五味，無故煩躁，口生瘡作臭，手心足心熱。

肝臟（形如懸匏，有七葉，左三右四，位居背脊第九椎，乃背中間脊骨第九節也）

屬木，旺於春正二月，色主青，酸味入肝，外通竅於目，出汁液為淚，在七情主怒，在身主筋與爪，所統者血，所藏者魂，所惡者風。肝有病，眼生蒙翳，兩眼角赤癢，流冷淚，眼下青轉筋，昏睡善恐，如人將捕之。面色青者肝盛也，好食酸者肝不足也，多怯者肝虛也，多怒者肝實也。

脾臟（形如鐮刀，附於胃，運動磨消胃內之水穀）

屬土，旺於四季月，色主黃，甘味入脾，外通竅於口，出汁液為涎，在七情主思慮，在身主肌肉，所藏者志，所惡者濕。面色黃者脾弱也，好食甜者脾不足也。脾有病口淡不思食，多涎，肌肉消瘦。

肺臟（形如懸磬，六葉兩耳，共八葉。上有氣管，通至喉間，位居極上，附背脊第三椎，為五臟華蓋）

屬金，旺於秋七八月，色主白，辛味入肺，外通竅於鼻，出汁液為涕，在七情主喜，在身主皮毛，所統者氣，所藏者魄，所惡者寒。面色淡白無血色者肺枯也，右頰赤者肺熱也，氣短者肺虛也，背心畏寒者肺有邪也。肺有病咳嗽氣逆，鼻塞不知香臭，多流清涕，皮膚躁癢。

腎臟（形如刀豆，有兩枚，一左一右，中為命門，乃男子藏精、女子繫胞處也，位居下背脊第十四椎對臍附腰）

屬水，旺於冬十十一月，色主黑，鹹味入腎，外通竅於耳，出汁液為津唾，在七情主慾，在身主骨與齒，所藏者精，所惡者燥。面色黑悴者腎竭也，齒動而痛者腎炎也，耳閉耳鳴者腎虛也，目睛內瞳子昏者腎虧也，陽事痿而不舉者，腎弱也。腎有病腰中痛，膝冷腳痛或痹，蹲起發昏，體重骨酸，臍下動風牽痛，腰低屈難伸。

玉環穴說

《天錄識餘》云：銅人針灸圖載臟腑一身俞穴，有玉環。余不知玉環是何物。張紫陽《玉清金華秘文》論神仙結丹處曰：「心下，腎上，脾左，肝右，生門在前，密戶居後，其連如環，其白如綿，方圓徑寸，包裹一身之精粹，此即玉環。」醫者論諸種骨蒸有「玉房蒸」，亦是玉環，其處正於臍相對，人之命脈根蒂也。

《言鯖》云：一氣之運行，出入於身中，一時凡一千一百四十五息，一晝夜計一萬三千七百四十息。至入之息，以踵存於至深淵默之

中。氣行無間，綿綿若存，寂然不動，與道同體。若盛氣哭號，揚聲呼誦，吹笛長歌，多言傷氣，皆非養生之道。《遵生八箋》曰：「凡存心中有日象，大如錢，在心中，出色有光芒，從心中上出喉，至齒間即不出，起迴環胃中，如此長久臨日，存見心中，胃中分明，吐氣訖，嚥液三十九遍止，一日三為之。日出時食時日中時行之，一年除疾，五年身有。光彩，十八年得道。日中行無影，辟百邪千災之氣。常存日在心，月在泥丸中，晝服日夜服月。服月法存月法：光芒白色從腦中入喉，又復至齒而嚥入胃；一云：常存月一月至十五日以前服，十日後不服，月減光芒損天氣，故即止也。」

任脈圖說

任脈者，直行身前之脈，起自胞中，終於目際，乃陰脈之海也。茲先分部指釋二十四穴。

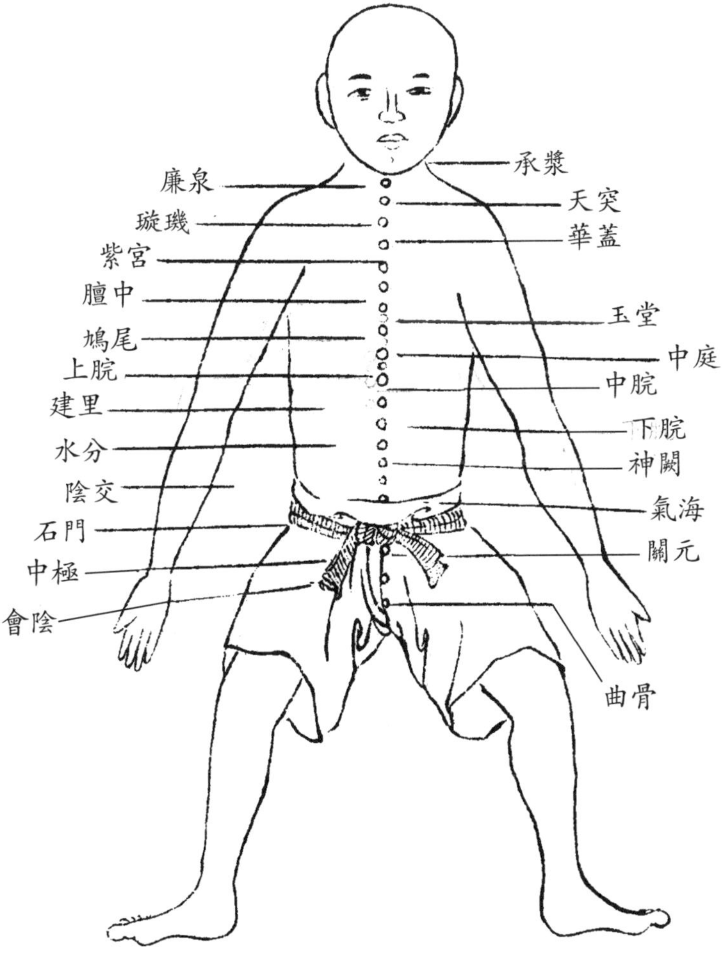

任脈圖說

頤前

承漿一穴（一名天池，在頤前唇下陷中，陽明督脈之會）

頷下

廉泉一穴（在頷下結喉上舌下中央，本陰維任脈之會，仰而取之）

膺腧

天突一穴（一名玉戶，在結喉下四寸宛中）

璇璣一穴（在大突下一寸陷中）

華蓋一穴（在璇璣下一寸）

紫宮一穴（在華蓋下一寸六分）

玉堂一穴（一名王英，在紫宮下一寸六分）

膻中一穴（一名包絡，在玉堂下一寸六分直兩乳中間）

中庭一穴（在膻中下一寸六分）

腹中行

鳩尾一穴（在蔽骨之間，言其骨垂下如鳩狀故名。臆前蔽骨下五分，人無蔽骨者從歧骨之際下行一寸是也）

巨闕一穴（在鳩尾下一寸心之幕也）

上脘一穴（在巨闕下一寸五分去蔽骨三寸，任脈手太陽足陽明之會也）

中脘一穴（在臍下四寸胃幕也，三陽任脈之會，謂上紀也）

建里一穴（在中脘下一寸）

下脘一穴（在建里下一寸，足太陽任脈之會，為幽門）

水分一穴（在下脘下一寸）

神闕一穴（在臍中央）

陰交一穴（在臍下一寸，當膀胱上口三焦之幕也）

氣海一穴（一名映丁，又名下肓，在陰交下五分宛宛中）

石門一穴（在臍下二寸，即丹田三焦幕也，女子禁炙）

關元一穴（在臍下三寸小腸之幕，三陰任脈之會謂下紀也）

中極一穴（在臍下四寸，一名元氣，足三陰之會）

曲骨一穴（在橫骨上中極下一寸毛際陷中動脈處，足厥陰會）

會陰一穴（在大便前小便後，一名尾翳兩陰間是也）

李瀕湖《奇經考》曰：任為陰脈之海，其脈起於中極之下少腹之內會陰之分（在兩陰之間），上行而外出循曲骨（橫骨上毛際陷中），上毛際至中極（臍下四寸膀胱之幕），同足厥陰太陰少陰並行腹裏循關元（臍下三寸小腸之幕三陰任脈之會），歷石門（即丹田，一名命門，在臍下二寸三焦幕也）、氣海（臍下一寸半宛宛中，男子生氣之海），會足少陽沖脈於陰交（臍下一寸當膀光上口三焦之幕），循神闕（臍中央）、水分（臍上一寸腸下口），會足太陰於下脘（臍上二寸當胃下口），歷建里（臍上三寸），會手太陽少陽足陽明於中脘（臍上四寸胃之幕也），上上脘（臍上五寸）、巨闕（鳩尾下一寸心之幕也）、鳩尾（蔽骨下五分）、中庭（膻中下一寸六分陷中）、膻中（玉堂下一寸六分直兩乳中間）、玉堂（紫宮下一寸六分）、紫宮（華蓋下一寸六分）、華蓋（璇璣下一寸），上喉嚨會陰維於天突、廉泉（天突在結喉下四寸宛宛中，廉泉在結喉上舌下中央），上頤循承漿與手足陽明督脈會（唇下陷中），環唇上至下斷交復出分行循面繫兩目下之中央至承泣而終（目下七分直瞳子陷中二穴），凡二十七穴。《難經》、《甲乙經》並無循面以下之說。任沖之別絡，名曰尾翳，下鳩尾，散於腹，實則腹皮痛，虛則癢搔。《靈樞經》曰：缺盆之中，任脈也，名曰天突，其側動脈，人迎足陽明也。

督脈圖說

督脈者，循脊上行之脈，起自下極之腧，終於人中唇齒，乃陽脈之

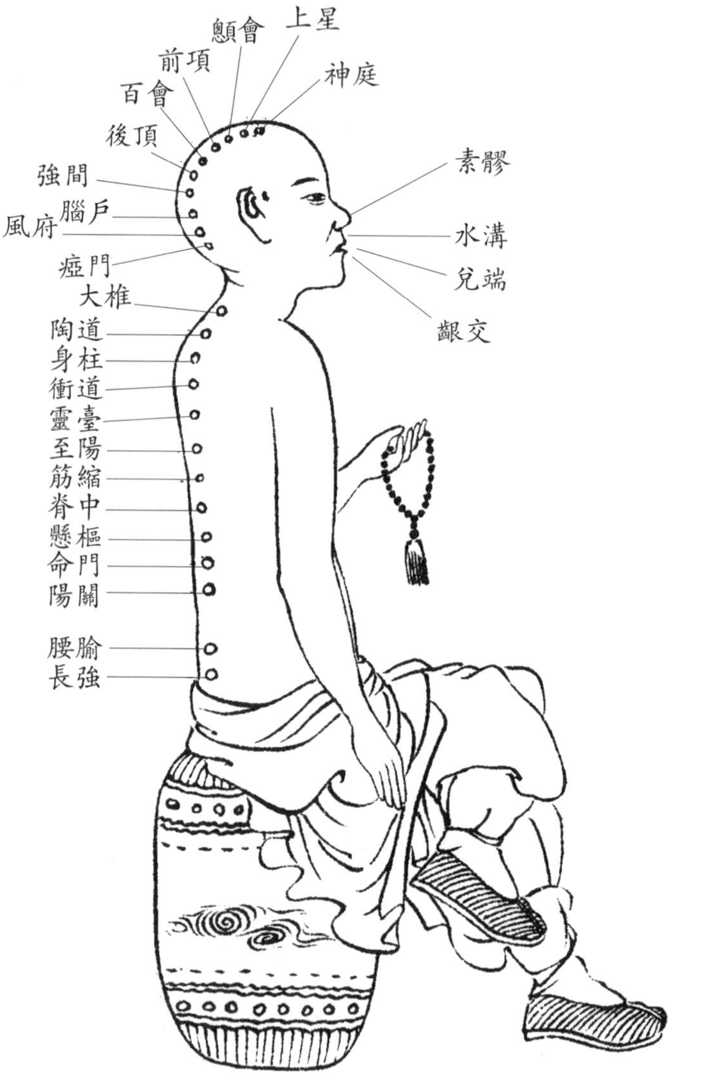
上星
顖會
前項
神庭
百會
後頂
強間
腦戶
風府
瘂門
大椎
陶道
身柱
衝道
靈臺
至陽
筋縮
脊中
懸樞
命門
陽關
腰腧
長強
素髎
水溝
兌端
齦交

督脈圖說

海也。茲先分部指釋二十七穴。

鼻柱下

素髎一穴（在鼻柱上端）

水溝一穴（一名人中，在鼻柱下上唇上，督脈手陽明之交會）

兌端一穴（在唇上端）

齦交一穴（在唇內上齒縫中，督任二脈之會）

額上行

神庭一穴（直鼻上入髮際五分，督脈足太陽陽明三脈之會）

上星一穴（在神庭後入髮際一寸）

顖會一穴（在上星後一寸五分，一名顖門）

前頂一穴（在顖會後一寸五分）

百會一穴（一名三陽五會，在前頂後一寸五分，頂中旋毛中陷容豆，督脈太陽之交會）

頂後之項

後頂一穴（一名交衝，在百會後一寸五分）

強間一穴（一名大羽，在後頂後一寸五分）

腦戶一穴（一名迎風，一名合顱，在枕骨上強間後一寸五分，督脈足太陽之會）

風府一穴（一名舌本入項後髮際一寸腦後一寸五分，項大筋內宛宛中）

瘂門一穴（項後入髮際五分）

背脊下

大椎一穴（在第一椎節上陷中三陽督任所發）

陶道一穴（在大椎節下間督脈足太陽之會俯而取之）

身柱一穴（在第三椎節下間俯而取之）

衢道一穴（在第五椎節下間俯而取之）

靈台一穴（在第六椎節下間俯而取之）

至陽一穴（在第七椎節下間俯而取之）

筋縮一穴（在第九椎節下間俯而取之）

脊中一穴（在第十一椎節下間俯而取之，禁不可灸，令人傴僂）

懸樞一穴（在第十三椎節下間俯而取之）

命門一穴（在第十四椎節下間俯而取之）

陽關一穴（在第十六椎節下間俯而取之）

腰腧一穴（在第二十一椎節下間）

長強一穴（在脊骶端）

李瀕湖《奇經考》曰：督乃陽脈之海，其脈起於腎下胞中，至於少腹，乃下行於腰橫骨圍之中央，繫溺孔之端。男子循莖下至篡，女子絡陰器合篡間，俱繞篡後屏翳穴（前陰後陰之間也），別繞臀至少陰，與太陽中絡者，合少陰，上股內廉，由會陽（在陰尾尻骨兩旁凡二穴），貫脊，會於長強穴，在骶骨端與少陰會，並脊裏上行，歷腰腧（二十一椎下）、陽關（十六椎下）、命門（十四椎下）、懸樞（十三椎下）、脊中（十一椎下）、中樞（十椎下）、筋縮（九椎下）、至陽（七椎下）、靈台（六椎下）、衝道（五椎下）、身柱（三椎下）、陶道（大椎下）、大椎（一椎上），與手足三陽會合。上瘂門（項後入髮際五分），會陽維，入繫舌本，上至風府（項後入髮際一寸大筋內宛宛中），會足太陽、陽維同入腦中，循腦戶（在枕骨上）、強間（百會後三寸）、後頂（百會後一寸半），上巔，歷百會（頂中間旋毛中）、前頂（百會前一寸半）、顖會（百會前三寸即囟門）、上星（顖會前一寸），至神庭（顖會前二寸，直鼻上入髮際五分），為足太陽、督脈之會。循額中，至鼻柱，經素髎（鼻柱頭也）、水構（即人中），會手足陽明至兌端（在唇上端），入齦交（上齒縫中），與任脈、足陽明交會而終，凡三十一穴。督脈別絡，自長強走任脈者，由小腹直上，貫臍中央。上貫心，入喉，上頤，環唇，上繫兩目之下中央，會太陽於目內眥睛明穴（見陰蹺下）。上額與足厥陰同會於巔，入絡於腦，又別自腦下項，循肩胛，與手足太陽、少陽會於大杼（第一椎下兩旁去脊中一寸五分陷中）。內挾脊，抵腰中，入循膂絡腎。

《難經》曰：督脈、任脈四尺五寸，共合九尺。

王啟玄曰：腦戶乃督脈，足太陽之會故也。

《靈樞經》曰：頸中央之脈，督脈也，名曰風府。

張潔古曰：督者都也，為陽脈之都剛；任者妊也，為陰脈之妊養。

王海藏曰：陰蹻、陽蹻同起跟中，乃氣井而相連；任脈、督脈同起中極之下，乃水溝而相接。

滑伯仁曰：任督二脈，一源而二岐，一行於身之前，一行於身之後。人身之有任督，猶天地之有子午，可以分，可以合。分之以見陰陽之不離，合之以見渾淪之無間，一而二，二而一者也。

瀕湖又曰：任督二脈，人身之子午也，乃丹家陽火陰符升降之道，坎水離火交媾之鄉。故魏伯陽《參同契》云：上閉則稱有，下閉則稱無。無者以奉上，上有神德居。此兩孔穴法，金氣亦相須、崔希範《天元人藥鏡》云：上鵲橋，下鵲橋，天應星，地應潮。歸根竅，復命關，貫尾閭，通泥丸。《大道三章直指》云：修丹之士，身中一竅，名曰元牝，正在乾之下，坤之上，震之西，兌之東，坎離交媾之地。在人身天地之正宗，八脈、九竅、十二經、十五絡聯輳，虛間一穴，空懸黍珠，醫書謂之任督二脈，此元氣之所由生，直息之所由起。修丹之士，不明此竅，則真息不生，神化無基也。俞琰注《參同契》云：人身血氣，往來循環，晝夜不停，醫書有任督二脈，人能通此二脈，則百脈皆通。《黃庭經》言：皆在心內運天經，晝夜存之自長生。天經乃吾身之黃道，呼吸往來於此也。鹿運尾閭，能通督脈，龜納鼻息，能通任脈，故二物皆長壽。此數說，皆丹家河車妙旨也。而藥物火候，自有別傳。

海藏又曰：張平叔言，鉛乃北方正氣，一點初生之真陽，為丹母。其蟲為龜，即坎之二陰也，地軸也。一陽為蛇，天根也。陽生為子，藏之命門，元氣之所繫，出入於此。其用在臍下，為天地之根，元牝之門，通厥陰，分三歧，為三車。一念之非，降而為漏；一念之是，守而成鉛。升而接離，補而成乾，陰歸陽化，是以還元，至虛至靜，道法自然，飛昇而仙。

骨數

人有三百六十五節，按周天三百六十五度。骨皆紅潤，唯男子者微帶白色，婦人微帶黑色。

髑髏骨男子自項及耳並腦後共八片（蔡州人有九片），腦後橫一縫，當正直下至髮際，別有一直縫。婦人只六片，腦後橫一縫，當正直下無縫。牙有二十四或二十八或三十六。胸前骨一條，心骨一片，狀如錢大。

項與脊骨合二十四節（自項至腰共二十四椎骨，上有一大錘骨。人身項骨五節，脊骨十九節，合之得二十四，是項之大錘，即在二十四骨之內。○錘音垂）

肩井及左右飯匙骨各一片

左右肋骨男子各十二條，八條長，四條短，婦人各十四條。

男女腰間各有一骨大如掌，有八孔，作四行樣。手足骨各二段，男子左右手腕及左右臁筋骨邊皆有髀骨（婦人無）。兩足膝頭各有骨隱在其間，如拇指大。手腳板各五縫，手腳大拇指並腳第五趾各二節，餘十四指各三節。

尾蛆骨若豬腰子，仰在骨節下，男子者其綴脊處凹，兩邊皆有尖瓣，如棱角，周布九竅；婦人者其綴脊處平直，周布六竅，大小便處各一竅。

筋絡

足太陽之筋，起於足小趾，上結於踝，斜上結於膝。其別者結於腨膕中，結於臀，上挾斜上項。其支者入結舌本，其直者結於枕骨、上頭、下顏，結於鼻。其支者為目上綱，下結於頄。

足少陽之筋，起於小趾次趾，結外踝結於膝下。其支者走上髀，前者結於伏免，後者結於尻，其額角交巔上，下走頷結於頄。

足陽明之筋，起於中二趾，結於跗上，加輔骨，上結於膝，上髀樞，上脇屬脊。其直者循伏免於結於髀，聚於陰器。上腹而布至缺盆，上頸挾口合於頄下，結於鼻上，合於太陽。太陽為目上綱，陽明為目下綱。

足太陰之筋，起於大趾之端，上結於內踝。其直者絡於膝，循陰股結於脾，聚於陰器。上腹，結於臍，循腹裏散於胸中著於脊。

足少陰之筋，起於小趾之下，斜走內踝之下踵，上於內輔之下，循陰股結於陰器，循脊內上至項，結於枕骨，與足太陽之筋合。

足厥陰之筋，起於大趾之上，結於內踝，上循脛上結內輔之下，上循陰股，結於陰器絡諸筋。

手太陽之筋，起於小指之上，結於腕上，循臂結於肘，入結於腋下。其支者上繞肩胛，循頸結於耳後完骨。其支者入耳中，直者出耳上，屬目外眥。

手少陽之筋，起於小指次指之端，結於腕上，循臂結於肘，上肩走頸。其支者入繫舌本。其支者上曲牙，循耳前，屬目外眥。

手陽明之筋，起於大指次指之端，結於腕，循臂結於肘，上臑結於髃。其支者繞肩胛挾脊。

手太陰之筋，起於大指之上，結於魚上，循臂結肘中，上臑入腋下，出缺盆，結髃上，下結胸裏，散貫賁，下抵季肋。

手厥陰之筋，起於中指，結於肘，上臂陰結腋下挾肋。其支者入腋，散胸中結於臂。

手少陰之筋，起於小指之內，結於銳骨，上結於肘，入腋挾乳裏，結於胸中，下繫於臍。

拳藝錄藥方編卷四

佐功第一

鐵布衫方（用以禦刑最妙）

番木鱉自然銅無名異乳香各三錢、朱砂二錢、杜仲六錢、猴骨醋炙茄皮各一兩、棉花根胡椒各二兩，共為細末用好酒沖服，能使通如綿。

又方：無名異自然銅製木鱉子菜油浸炒乾蘇木地龍當歸酒洗乳香各五錢、沒藥一錢、均耳灰一兩，共為細末，蜜丸如眼大，每服三丸，滾水沖服。

易筋經方（練內功時用之）

野蒺藜炒去刺、白茯苓去皮、白芍藥火煨酒炒、熟地黃酒製、甘草蜜炙朱砂水飛各五錢，人參白朮乾炒當歸酒製川芎各一兩，共為細末，煉蜜為丸，重二錢，每服一丸，湯酒送下。又方：用蒺藜去刺炒，煉蜜為丸，每服一錢或二錢。又方：用水飛朱砂，三分蜜水調服。又方：用茯苓去皮為末，煉蜜為丸，或蜜水調下，或作塊浸蜜中，久浸愈佳，約服一錢。

湯洗方（內功外用洗方）

地骨皮食鹽各宜量入煎水，乘熱湯洗，則血氣融和皮膚舒暢矣。

下部洗藥方（練內功用）

蛇床子、地骨、甘草各量用煎湯，先溫後熱，緩之洗之，日一二以為常則。

習拳要用方

川烏、草烏、紅花、當歸、川黃、續斷、羌活、杜仲、乳香、沒藥、朱砂、自然銅、麻仁、茄皮、荷奴、茜草、血竭、牛膝、陳皮、碎

補破故紙、紫背、天葵、土鱉蟲、紫金丹各五錢，共為細末，每服一錢一分，用酒沖服立驗。

打虎狀元丹

人參一兩、鹿茸一對、木香二兩、附子二兩、遠志八兩、朱砂牛膝木瓜白蒺藜肉蓯蓉巴戟川烏白茯苓杜仲天冬麥冬棗仁砂仁蛇床子各四兩，共為細末，煉蜜為丸，每服一錢，黃酒或鹽湯送下。又方：炒白朮酒當歸朱砂各一兩、陳皮白蒺藜各四兩、甘草三錢、人參肉桂各五錢、良薑四錢滾水泡去皮夏用一錢、大附子一錢、連翹二錢、遂仁少許，夏加茯苓二錢、上行加川芎一錢、中行加杜仲一錢、手行加肉桂一錢、腿行加牛膝一錢、腳行加防己一錢、紫蘇夏加五錢冬加一兩，照方共為細末，煉蜜為丸，白水送下。

大力丸

酒全歸酒川膝魚膠虎骨酥炙要前脛骨、枸杞續斷補骨脂鹽水炒、兔絲餅各四兩，炒蒺藜螃蟹炒黃各八兩，共為細末，煉蜜為丸，每服三錢，清晨黃酒送下。

洗手方（練手須用）

川烏草烏南星蛇床半夏百部花椒狼毒藜蘆透骨草地骨皮龍骨海牙紫花地丁各一兩、硫磺一塊二兩、青鹽四兩，用醋五碗、水五碗熬至七碗，每日湯洗，止用三次，可收全效。又方：川烏草烏乳香沒藥靈仙木瓜紅花各二錢、當歸虎骨秦艽神曲赤芍牛膝生薑元胡索紫石英各二錢、地茘子落得打各一兩，用上法煎水洗手。

毒煙火藥方（此煙令人聞之即不能行動亦不能視物）

良薑斤一兩、乾薑軍薑猢薑大皂豬牙皂各斤十兩、黑蓼赤蓼胡辛川細辛人精礦灰各斤半、柳炭槿炭箬炭石黃雄黃各四兩、硫黃二斤一兩六錢、火硝松香各七斤、石三斤、粉一斤，共為細末，和勻裝入炮內，四圍蘸松香備用。歌曰：炮響如吐霧，迷人鼻與睛。昏暈無可救，噴嚏不絕聲。不見並不走，滿營自縱橫。驅兵前追進，個個可生擒。又方：（聞氣昏睡仆倒）。□油浸曬內用四兩、石黃松香乾糞各四兩、班貓一兩、雄黃一斤、硫黃斤半、火硝六斤火酒浸炒、杉木炭柳樹炭各四兩八錢，共為細末，和勻用法同上。

解毒藥方

明雄黃八兩、箭頭朱砂二兩，將白鴨血拌浸九曬九浸，又用含香木煎汁三浸三曬，又用綠豆漿三浸三曬，再用烏梅肉四兩、甘草八兩，熬膏將前藥末共和勻為丸如豆大。製藥時及出陣放時，口噙鼻塞，庶免自迷。

製毒藥刀方

蜈蚣、蛇、蜒蝣、蟾蜍、蜘蛛各一，均揀大置在甏中，將筍殼、油紙縛牢，甏口再用黃泥和雄黃搗和封上，至下年午月五日午時正，開去封泥，用河水共煎五毒，入砂鍋內燒，加入輕粉三錢、鐵三錢，煎百沸

入五毒髭中，以絕五毒，並蓋好，待百日後方可開用。開去泥蓋，須用長竹撥去，待髭中氣出，犯則中毒。非不可虞，預備洗毒湯以防未然可也。製刀法：先將刀口磨利後，按入火中燒紅，浸入毒水中，俟紅退再烘再浸，要浸至燒紅浸入水中，拏出不乾是毒水受足矣。此刀利毒無比，若割開皮肉，腫爛難當，須宜小心。凡受傷者，須用蓋髭泥為末，烟膏調塗。

洗毒湯（解毒藥刀用）

甘草金銀花各一兩，用醋酒各二兩，煎百沸待冷洗淨可也。

洗傷方

羌活獨活青皮白芷靈仙官桂大茴香各四兩、防風木通枳殼紅花各三錢、當歸六錢、烏藥五錢、甘草二錢，煎湯燻洗。

手傷燻洗方

地龍地鱉碎補各三錢、落得打自然銅五茄皮川烏草烏各二錢、紅花

一錢、山七五分、鮮桑梗五寸、絲瓜絡三錢，用陳酒一斤、水一碗煎成八分薰洗。

救傷第二

偈曰：天門暈在地（泰山壓頂），尾子不還鄉（海底撈月），兩肋丟開手（海底取寶），腰眼笑殺人（仙人過海），太陽並腦後（雙串蜜蜂），倏忽命歸陰（美人穿梭），斷梁無接骨（雙金剪切），臍下急亡身（好拳摽手）。又因不救傷症作歌曰：上止天庭二太陽，氣口血海四柔膛，耳後受傷均不治，傷胎魚笠即時亡。前後二心並外腎，魚睛目定甚張忙，肋稍插手艱於治，腎俞丹田最難當。夾脊斷時休下藥，正腰一笑立身亡，傷人二乳及胸膛，百人百死到泉鄉。出氣不收無藥石，翻肚吐糞見閻王，顖門髓出陰陽混，君則何須覓妙方。

天門穴受傷（按：當頭心名天門穴，受傷則耳聾者二日死，不聾者六十日死）　用太保十三味烏藥蘇木紅花各一錢、山棱歸尾碎補桃仁各二錢去皮尖、香附赤艾蓬朮元胡各錢五分、木香六分、砂仁五分研沖。（按此方新傷可加寄奴青皮各一錢，傷重者或再加入地鱉蟲一錢五分、參山七五分；傷於上部者加歸身三錢，下部加杜仲三錢；老傷加虎骨三錢，四肢加牛膝三錢，用陳酒煎服，蓋暖出汗即癒。）加羌活蒼耳子各錢半，並服藥酒廿六味、全當歸續斷丹皮陳皮杜仲牛膝川烏草烏防風荊芥桔梗紅花血竭自然銅秦骨風參山七桑寄生各三錢、茄皮生地甘松各四錢、川芎柴胡肉桂各錢半、朱砂二錢半、虎骨五錢、鮮桑枝二兩，共為細末，用夏布盛之，燒酒八斤先浸五日，後隔水煎三炷香，起鍋藏土內退火七日，每日一盃為常，即能奏效。接服飛龍奪命丹朱砂肉桂桂枝羌活秦艽五靈子劉寄奴赤芍枳實蒲黃烏藥青皮土狗貝母韭菜子破故紙各三錢、胎骨蘇木山棱元胡香附各四錢、葛根錢半、陳皮前胡原寸各一錢、蓬朮歸尾杜仲桃仁各五錢、木香六錢、地鱉茄皮硼砂血竭自然銅各八錢，共為細末收貯瓷瓶內，重傷者服三分，輕者二分，陳酒沖服，三次即癒。

聽會穴受傷（按：兩耳下半分名聽會穴，被傷者二十日死） 用十三味加川芎細辛各一錢、奪命丹三服可癒。

華蓋穴受傷（按：打中胸前心上之華蓋穴，名為百鳥朝鳳。受傷者血迷心竅，人事不知，氣血大閼，三日必死，即時用領經藥可治，復發則十月而死） 用十三味加枳殼錢半、良薑八分，再用七厘散二分半、月石血竭地鱉酒炙土狗各八錢、烏藥青皮赤芍枳實蒲黃巴霜去油肉桂各三錢、生軍紅花各六錢、靈脂山棱蓬朮木香茄皮桂尾各五錢、陳皮蘇木胎骨朱砂各四錢、麝香一錢，共為細末，勿令洩氣，重者每服三分，輕者一分半，年少者只用七厘。需熱酒調服，行過三次，粥湯止瀉，另再下藥（按：一方用安桂乳香各三分、麝香一分、半夏五分、巴霜去油錢半、地鱉去頭廿個，名曰：「損傷七厘散」。一方用薑汁炒草烏醋煅自然銅各二錢、血竭當歸各三錢、乳香沒藥去油各錢半、半兩古錢三個，名曰「接骨七厘散」。總列三方，咸其一體。又方：用龍骨虎骨猴骨血竭自然銅乳香沒藥各一兩、炒川斷土鱉茄皮製夏乾漆云耳砂仁各八錢、草烏肉桂青皮陳皮荊皮丹皮川芎川朴蘇木山棱靈脂桃仁桂枝防風木通生地巴霜去油松節莪朮三賴靈仙荊芥穗各五錢、牛膝桔梗甘草各三錢、丁香紅花朱砂各一錢、射香三分、冰片五分、全歸三兩、元胡月石胎骨各二錢，共為細末，藥不焙焦。重傷者用七厘，輕者六厘，用酒沖服，立時見效。此方於接骨損傷兩方面竟能兩顧云），以行心胃二經之瘀血，行過三次，冷粥止之，接服奪命丹三服自癒。

肺底穴受傷（按：肺底穴在背後第七節，被傷者兩鼻出血則九日死，復發一週年而死）　用十三味加百部八分、新會皮一錢、七厘散二分、接服奪命三次或地鱉紫金丹地鱉蟲六錢、延柴胡七錢、桃仁去皮尖靈脂松節澤瀉各五錢、蘇木蒲黃麝香香附韭菜子陳皮青皮各二錢、蓬朮山棱丹皮破故紙各四錢、自然銅醋煅血竭月石各八錢、肉桂紅花歸尾木通桂枝羌活青木香枳殼朱砂胎骨杜仲川斷牛膝杞子遠志肉川貝母葛根靈仙赤苓各三錢、赤芍黃芩秦艽生薑各一錢，各研細末收貯瓷瓶內，每服二分，好酒送下，其傷處之蓋就可消散（按：此方內香附一味或用四錢或去破故紙赤苓秦艽生薑，放入骨碎補烏藥各二錢、補骨脂茄皮各四錢、土狗五錢、虎骨八錢，錄之以備參考），三服自癒。

上氣穴受傷（按：左乳上一寸三分名上氣穴，金槍打發者一月而死，拳打發者百日而死，復發一百六十日後而死）　用十三味加肉桂五分、沉香八分、七厘散二分半、奪命丹三服可癒。

正氣穴受傷（按：左乳下一寸三分名正氣穴，重傷者十二日而死，如拳泛些則四十八日死）　用十三味加青皮錢半、乳香二錢、七厘散二分，又用加減煎藥方二劑肉桂砂仁各五分研沖、紅花八分、歸尾靈脂杜仲枳殼蒲黃香附寄奴元胡茄皮各錢半、青皮陳皮各一錢，用陳酒半斤煎一句盅去渣重煎，接服奪命丹三次可癒。

下氣穴受傷（按：左乳下一寸四分名下氣穴，被傷者五星期必死，復發則六個月而後死） 用十三味加蒲公英三錢、粉豬苓二錢、七厘散二分半，接服奪命丹三次自癒。

上血海受傷（按：右乳上一寸三分名上血海穴，金槍打傷者五星期必吐血而亡，拳打或復發者九十日而死） 用十三味加川鬱金錢半、沉香八分、山羊血錢半、七厘散二分，行走瘀血後接服奪命丹三服自癒。

正血海受傷（按：右乳下一寸三分名正血海穴，受傷者吐血十八日死，復發則至九星期而後死） 用十三味加川鬱金劉寄奴各錢半、七厘散二分、奪命丹三服自癒。

下血海受傷（按：右乳下一寸四分名下血海穴，受傷者吐血五星期死，復發則一百五十日而死） 用十三味加五靈子錢半、炒蒲黃二錢，接服奪命丹三次可癒。

三夾穴受傷（按：三夾穴在兩乳上一寸兩旁偏三分，打中者名為一計害三賢，蓋心肝肺皆受其傷也，傷重者一星期而死，復發者八星期而死）　用十三味加石菖蒲一錢、枳殼錢半、七厘散二分，接服奪命丹三次可癒。

正心口受傷（按：打中正心口挑心骨者，名為黑虎偷心，受傷者立刻目眩氣回，不省人事，即時用藥治之無妨，倘不治根百二十日死）　用十三味加肉桂丁香各五分、七厘散二分半，加減煎藥方二劑或奪命丹三服或地鱉紫金丹三服可癒。

霍肺穴受傷（按：霍肺穴在挑心骨之下一寸三分，受傷者氣回目定，人事不知，即時救之無妨，復發百二十日而死。治法先在背上肺底穴下半分，劈拳一拍即醒）　用十三味加桂枝貝母各八分、七厘散二分半，又用加減煎藥方二劑，接服奪命丹三次可癒。

翻肚穴受傷（按：霍肺穴下一寸三分再偏左一寸三分名翻肚穴，如犀牛望月、沖天炮等拳打中者一日死，復發者一百七十日而死） 用十三味加豆蔻一錢、木香八分、七厘散二分，又用加減煎藥方二劑，接服奪命丹三次或地鱉紫金丹三服，外用吊傷外敷藥、元寸五分、乳香沒藥生軍柏米赤芍血竭各二錢、樟冰當歸紅花各三錢、茄皮一錢、酒麯十個，共為細末，用糯米飯搗爛，摘古燒酒和勻，塗患處，外以新棉花紮縛蓋暖為要，切勿見風，靜待數日，其傷自出敷好即癒。

氣海穴受傷（按：臍為氣海穴，被傷者四星期而死，復發則百四十日死） 用十三味加木通八分、山棱錢半，或加桃仁延胡索各一錢、七厘散二分，加減煎藥方二劑，又用紫金丹三服即癒。

丹田穴受傷（按：丹田穴在臍下一寸三分，一名精海穴，受傷者十九日而死，復發則百六十日死） 用十三味加木通一錢、山棱錢半、七厘散二分半，加減煎藥方二劑可癒。

分水穴受傷（按：精海穴下一寸三分名分水穴，被傷者兩便不通，十三日而死，復發則百六十日而死） 用十三味加京山棱錢半、蓬朮二錢、生大黃三錢、七厘散二分半，接服地鱉紫金丹三服可癒。

關元穴受傷（按：關元穴在臍下三寸，乃小腸之幕，三陰任脈之會，受傷者五日而死，復發五十日死） 用十三味加車前子三錢、青皮一錢、七厘散二分半，接服奪命丹三次自癒。

內氣穴受傷（按：左邊肋臍毛內為內氣穴，被傷者六個月而死，若不除根，一百二十日必死，復發則一周年而死） 用十三味加羌活一錢、茄皮三錢、七厘散二分半，接服奪命丹三次可癒。

血海穴受傷（按：右邊肋臍毛內名內血海，即血海門穴，用霸王開鎖或卸甲等拳打中者，在五個月內必死，復發者百日死） 用十三味加柴胡歸身各一錢、七厘散二分半、奪命丹三服，又用藥酒廿六味可癒。

章門穴受傷（按：左邊合精骨盡處名章門穴，重傷者一日死，半重者十日死，輕者百五十四日而後死） 用十三味加紅花粉豬苓一錢、砂仁五分研沖，接服地鱉紫金丹三次可癒。

囊氣穴受傷（按：章門穴下一寸三分名囊氣穴，被傷者四十日死） 用十三味加歸尾二錢、蘇木一錢，接服地鱉紫金丹三次即癒。

地門穴受傷（按：右邊合精骨盡處名地門穴，被傷者一月死） 用十三味加紅花青皮各一錢、奪命丹三服加減煎藥方二劑可癒。

血囊穴受傷（按：地門穴下一寸三分名血囊穴，亦名精囊穴，被傷者四十日死） 用十三味加蒲黃炒韭菜子各錢半、奪命丹三服，又用藥酒廿六味可癒。

百盲穴受傷（按：背上第七節兩邊一寸三分名百盲穴，被傷者吐血痰，十月而死） 用十三味加厚朴一錢、杜仲二錢、奪命丹三服可癒。

腦代穴受傷（按：耳後三指為腦代穴，被傷者三個月必死） 用十三味加羌活一錢、柴胡六分、奪命丹三服自癒。

鼠尾穴受傷（按：左臂上大肉為鼠尾穴，被傷者三個月必死） 用十三味加秦艽錢半、桂枝八分、奪命丹一服、地鱉紫金丹三服自癒。

肩井穴受傷（按：左右兩肩陷中名肩井穴，被傷者七十日死） 用十三味加寄奴二錢、奪命丹三服、地鱉紫金丹一服可癒。

後血海受傷（按：百盲穴下一寸三分為後血海穴，被傷者一月而死） 用十三味加杜仲三錢、奪命丹三服可癒。

腎俞穴受傷（按：右腰為腎俞穴，被傷者發笑三日而死） 用十三味加杜仲二錢、廣木香一錢、奪命丹三服可癒。

命門穴受傷（按：右腰中為命門穴，被傷者一日必死） 用十三味加杜仲二錢、前胡一錢，接服奪命丹三次可癒。

海底穴受傷（按：尾梢一寸三分名海底穴，被傷者一星期死） 用十三味加朴硝一錢、大黃二錢、奪命丹三服自癒。

鶴口穴受傷（按：兩小腿中為鶴口穴，受傷者週年而死） 用十三味加牛膝三錢、米仁四錢、紫金丹三服，再用藥酒廿六味調治可癒。

湧泉穴受傷（按：兩腳心為湧泉穴，受傷者十日而死） 用十三味加牛膝三錢、木瓜二錢，再用藥酒調理可癒。

心臟受傷（按：傷於心者頭黑） 用疏風利氣湯：川芎靈仙防風獨活蘇木各錢半、蘇葉陳皮枳殼細辛黃芩白芷各一錢、青皮紅花川羌各八分、當歸二錢、茄皮三錢，用水酒各半煎加砂仁末沖服，或用琥珀和傷丸：琥珀三錢、肉桂二錢、炒白朮二兩、米仁六兩、桑枝茄皮各四錢、青皮陳皮木瓜川膝桂枝黃芩川芎川斷赤芍白芍獨活紅花乳香沒藥製南星各一兩、川羌歸身蘇木丹皮生地熟地杜仲各三兩，共研細末為丸（和砂糖），或用生地當歸大黃三錢、紅花一錢，煎服亦好。

肝臟受傷（按：傷於肝者眼白黃） 用疏風利氣湯或吉利散：當歸川芎烏藥枳殼甘草陳皮紫蘇薄荷香附白芷乳香去油沒藥去油各三錢、防風赤芍羌活獨活茄皮各五錢，共研細末，用陳酒砂糖空心調服二錢，或用和傷丸羊肝半葉、青皮半錢、紅花二錢、大黃三錢，四味煎服亦好。

腎臟受傷（按：傷於腎者耳多□）用疏風順氣補血湯：肉桂三分研沖、甘草五分、白芷八分、牛膝二錢、熟地三錢、杜仲靈仙赤芍當歸各錢半、川芎防風陳皮各一錢，用水酒各半煎空腹服，或吉利散或和傷丸或用杜仲三錢、馬兜鈴二錢、延胡索錢半，三味煎服亦好。

食肚受傷（按：食肚傷者面色白）用疏風利氣湯或和傷丸或用蘇木川貝各一錢、甘草八分、元參二錢，四味煎服亦好。

大腸受傷 用槐花散炒槐米八兩、黃芩四兩，共為細末空腹服三錢，或服吉利散或和傷丸。

小腸受傷 用補腎活血湯：杜仲當歸各三錢、紅花陳皮各一錢、茄皮白芍靈仙各二錢、熟地四錢、川芎錢半、甘草肉桂各五分研沖，用水酒各半煎服，或吉利散或和傷丸或疏風順氣湯：甘草砂仁各五分研沖、乳香沒藥去油、厚朴木通各一錢、枳殼黃芩防風青皮陳皮各錢半、紅花八分、澤瀉二錢，用水酒各半煎服。

膀胱受傷　用行氣活血湯：歸身杜仲蘇木各二錢、木通紅花青皮各一錢、陳皮木香各錢半、川羌八分、生地三錢，用陳酒河水各半煎服或和傷丸或琥珀散：大黃琥珀防風荊芥赤芍陳皮蘇葉各一兩、木通川羌芒硝各八錢、杜仲二兩、柴胡五錢、桃仁一兩半、甘草三錢，照方十劑用水酒各半煎服。

女人陰戶受傷　用和傷丸或行氣活血湯。

小便不通瘀血疼痛　用大黃湯（即琥珀散）。

登高跌傷不能開口　用吉利散或清心和氣湯。

兩肋受傷　用行氣活血湯或和傷丸。

血海受傷　用活血湯：砂仁五分研沖、紅花八分、當歸槐花各二錢、生地香附各三錢、木香木通陳皮青皮烏藥各一錢、炒白芍地骨皮各錢半，用水酒各半煎服或吉利散又用藥酒廿六味調理。

氣眼受傷　用補腎活血湯或吉利散或和傷丸。

肩背受傷　用吉利散或和傷丸。

背上受傷　用吉利散或和傷丸。

胸前受傷　用疏風利氣湯或行氣活血湯或吉利散。

胸背受傷　用疏風利氣湯或和傷丸。

左右兩邊受傷　用行氣活血湯。

左邊受傷　用左邊傷藥方：乳香**五**分、沒藥元胡赤芍赤苓紅花陳皮半夏靈脂杏仁桃仁**各一**錢、甘草玉金**各二**錢、莪朮山稜菟絲子龍膽草何首烏**各八**分，以紅棗子三枚為引，用酒煎服，蓋暖出汗即癒。

右邊受傷　用右邊傷藥方：歸尾紅花元胡赤芍丹皮玉金靈脂牛膝龍骨木香羌活蘇木**各一**錢、厚朴甘草公英**各五**分、桃仁**二**錢、香附**三**錢、首烏**八**分，用陳酒煎下連服數次即癒。

上部受傷　用上部傷藥方：生地白芷血竭虎骨**各一**錢、朱砂**三**錢、碎補細辛**八**分、乳香沒藥**五**分、桂枝鬱金川芎歸尾**各**錢半、羌活青皮葶麻炙灰存性各二錢，用陳酒煎服，蓋暖出汗即癒（按：或方用天花粉赤苓當歸各三錢、川芎白芷赤芍陳皮茄皮各二錢、羌活防風葶麻灰蔓荊子用酒煎服。錄之以俟酌用）。

中部受傷　用中部傷藥方：生地猴骨各二錢、地鱉蟲五個、甘草八份、茄皮秦艽川芎川斷血竭各一錢、紅花乳香沒藥各五分，用陳酒煎服，蓋暖出汗即癒（按：或方用元胡柴胡杜仲川斷當歸赤芍桃仁山甲紫荊皮補骨脂各二錢、紅花一錢、赤苓生地各二錢，用酒煎服酌用）。

下部受傷　用下部傷藥方生地二錢、茄皮牛膝川芎秦艽防己赤芍靈脂肉桂腳樟木瓜南蛇杜仲碎補自然銅各一錢，如腫不消加山棱一錢，腳不消添重茄皮牛膝二味，用陳酒煎服，蓋暖出汗即癒（按：或方用獨活防己秦艽赤芍歸尾薑黃陳皮茄皮各二錢、紫蘇木瓜淮牛膝海風藤千年健各三錢，今附錄以俟酌用）。

全體受傷　用順氣活血湯丹皮陳皮川羌紅花各一錢、歸身一錢半、桔梗川朴木通各八分、枳殼甘草各五分、生地淮膝各二錢，用水酒各半煎沖服砂仁末八分，空腹服。或和傷丸或吉利散或週身損傷神驗方：上肉桂明皮藥滴乳香白芷靈仙兜劉寄奴台烏藥歸尾川芎各一錢，麒麟竭真琥珀生地黃青木香炒枳殼紫金丹（即地鱉紫金丹）、活血丹（即復元活血散，肉用大黃當歸杜仲花粉桃仁補骨各三錢、紅花錢半、連翹柴胡山甲沒藥各二錢、甘草五分），用酒煎並用冷酒沖下，傷重者多服三次。若傷胸前照方分作兩劑可也（按此方引經之藥，如頭上受傷則加防風羌活各一錢、藁本錢半；傷小腹小便不通則加木通一錢、車前子三錢、赤苓錢半；傷大腹大便不通則加生軍錢半、黑丑桃仁各二錢；傷背上則加秦艽三錢、青皮二錢、生研香附末一錢；傷腰上則加破故紙一錢、川斷杜仲各錢半；傷兩脇則加膽草二錢、茜草三錢；傷兩手則加桂枝羌活各一錢（此二味春冬錢半，夏時八分）；傷兩足則加牛膝一錢、茄皮木瓜各錢半；傷兩肋則加白芍錢半、蔓荊子白蒺藜各一錢，照上藥各為細末，照湯頭引用，無不應驗）。或全身受傷前藥方　防風荊芥枳殼甘草前胡桔梗茄皮熟地君草倘逢換氣紅米各三錢、乳香沒藥白芷黃芩橘紅各二錢，用酒煎服，照傷引添，頭傷加小川芎羌活各二錢；手傷加桂枝木瓜各二錢；腹傷加桃仁桔梗各二錢；胃傷加枳殼鬱金各二錢；小傷加扁豆木通各一錢；腿腳傷加木瓜牛膝米仁各三錢，又加古錢幾文、松節幾個同煎。

接骨第三

一、頭顱為百骸之首，一身之主，或被打傷，顱裂骨陷白漿流出者不治；傷在頭腦骨上可治；在太陽穴不治。若陷骨不起顱裂，用上部沒藥倍加黃荊子；或有孔出血不止，血見愁搗塗上，每日換二次。孔小用膏藥貼，孔大庵三日，見紅色，有用收口膏藥貼之，並宜忌風。

二、頭顱無臼骨，故無脫骱之患，而有損碎之虞。倘頭顱骨碎而腦髓出或骨青者難治；骨碎如米者可治而大者難治。其治法先以止血散敷之，使其血不湧流，而後敷以生肌散。唯避風戒慾，患者自宜慎之。稍平則服疏風利氣湯六七劑，至傷口平滿則服補血順氣湯三四劑而安。若有破傷風牙關緊急角弓反張之凶，急投飛龍奪命丹可癒此，蓋萬投萬效之藥也。倘見眼目有鬥傷落眼珠之症，先將收珠散敷之，用銀簪蘸井水點筋，再用青絹溫拂，上則用還魂湯一二劑，待至平後，取明目生血飲服之而安。

三、失枕有臥而失者，有一時之失者，使於低處坐定，一手撥其首，一手撥其頦，緩緩伸之可直也。

四、腦骨傷碎在頭腦骨上者可治，而在太陽穴者不治。如腦骨傷碎，輕輕用手捺令平正，若皮不破，用黑龍散；若破則用桃花散封口，以絹包裹，不可見風著水，如風水入腦，必成破傷風。若傷在髮內，須剪髮敷藥為妙。

五、頂門打碎，不可用草藥，宜用止血散搽之，內服上部沒藥。如頂門骨打碎有限日者，可用鮮琥珀四兩、川芎五錢，同陳酒煎服。

六、鼻梁骨斷，先用接骨丹救之著骨，次用生肌散菜油調敷，再用活血止痛散敷其外，自然平復。

七、凡缺唇之疾，先將代痛散敷之，次將油線縫合，用生肌散敷之，內服活血止痛散而安。如血不止，服八珍湯加三七可也。

八、人之頭面，唯有下頦一骱，如剪刀股環，互相連扭，偶落而不能上，則言語飲食皆為不便。腎虛者得此症最多，治法先用寬筋湯薰洗，次用綿裹大指入口，餘指抵住下邊，緩緩捺下推進之，又服補腎和氣湯而安。

九、咽喉破傷在食管可治，傷在氣管不治。須用油線縫好，外用草藥敷上，每日換二次，迨皮肉稍合，方用生肌散摻膏藥上貼之，內服上部末藥可癒。

十、食毒物而咽喉破者，人皆束手奔避，不知死中尚有可治者，如氣管不傷而傷食管者可治。其法急扶其頭，托湊喉管捻緊，不令出氣，用銀針穿絲線隔寸許連好，外用馬蘭頭搗塗，每日換二次，三日後見紅色換膏藥摻收口，藥貼之而癒。

十一、人有自勒其咽喉者，看其刀之平而彎者則深，無彎者則淺，兩刀勒者易，一切勒者難治。若破其食管，先用油線縫合，次將生肌散封固，內服護風散托裏而安。若氣管穿者必死，宜用絲線縫其缺口，蔴皮亦可。

十二、肩井骨名曰天井骨，此骨若折，必一頭高蹺，不相平復。先用膏藥貼，後用油紙數層鋪襯，用粉夾板以長繩縛之，方用接骨丹。

十三、登高倒跌而天井骨損折者難治，蓋損骨出臼不能縛使對直也。須用順氣湯服之，使其相對，次用接骨散敷之，以綿絡於肩背而包裹之，再投提氣活血湯三四劑而安。假使探其筋骨多有損折而不能相對，則非吊漱飲不能治此症。外用接骨丹敷之，內服生血補髓湯而癒。

十四、大肩背脫出，令患者坐於低處，用兩手叉定抱膝上，將膝借力一拏，其手臂隨手直前，輕輕放手就入。

十五、肩骱與膝骱相似，唯肩骱迭下膝則迭上耳。上骱之法，將一手上接其肩，下接其手，緩緩轉動，使其筋舒。患者坐低處，使一人抱住其身，醫者兩手叉揑其肩，抵住其骨，將膝夾其手，齊力而上，用綿裹鵝蛋大絡在胯下，用接骨散敷，服生血補髓湯而癒。

十六、肩甲骨須先相度如何整治，治法用圈當椅住脇，又用棉被軟衣簟好，再使一人捉定，兩人拔伸，卻墜一手腕，又屈一手腕，以絹片縛之。

十七、臂骱出觸於上，須以一手抬住其手腕，一手按住脈窠，先鞠其上，而抬腕一伸可也。敷用接骨散，棉布包裹，內服生血補髓湯而安。

十八、大臂小臂傷折，與大腿小腿同治，唯服藥上部加肉桂，下部加牛膝。大抵骨折在於綁縛，用杉板取其輕也，能別得骱頭，則折傷之法皆在於此矣。唯藥有製度之法，前劑活法不可執一，倘有染別症而又得此病者也，必兼而用藥，方能奏效。其上骱之術一言而可能也，特不可輕忽耳。大抵舒筋必用寬筋湯薰洗，蓋手足之伸縮握動皆在於筋，凡得此症，用藥湯薰洗，微微緩動可伸也。

十九、手骨出者，須看如何而出，若骨出向左，則向右拔之；骨出向右，則向左拔之。凡人手足傷折而骨出者皆然，唯於脛則一脛斷可治，兩脛斷難治。

二十、手骱迭出，須以一手按住五指，一手掌起，手骱鞠下，一伸而上也。此乃胃脈之所，必服寬筋活血湯，又須綁縛，先用接骨散敷之，棉布包裹，用闊板一片按其患處，用杉木板四片，長三四寸，縛七日可放。

二十一、手腕出骱送拔入者，用左手掌托捺彼傷手臂，又用右手拿住下節手近椿處，一把拿定，不可讓退縮，盡力扯入位，內服接骨散，再貼膏藥而癒。

二十二、人之身十指最難，若使其一指有傷，連心之痛難忍，中指比別指尤甚，況且易染破傷風。治之須先將止血散敷之，如被咬傷者，必揑去其牙齒毒氣，急投護心丸以安其心。若犯破傷風者，急服飛龍奪命丹而安，故刀斧傷易，被咬傷難，須內服追毒定痛散。如遇病人咬傷，十則九死之症矣。又有骨之損碎如粉，看其傷勢，破則必有損骨，不破則用贊骨散穿取其破骨，後將生肌散封固，內服生血補髓湯而安。唯碎骨不盡難治，必用心看取而後可安耳。

二十三、斷指者須使湊正，用水蠟燭內膜包裹待皮肉接上，方用生肌散摻膏藥上貼之可癒。

二十四、手指有三骱，唯中一節出者有之，易出者易上，兩指捻伸而上也，必服活血湯止痛散，不然則最為痛矣。

二十五、金井骨在脇下，有損傷者須令平正安貼，用黑龍散敷之，以絹包好。倘兩脇骨傷，治亦如是。

二十六、不時閃挫，外貼膏藥，內服中部沒藥，加重外加接骨丹五分。

二十七、中部跌損，先服沒藥，加接骨丹五分。如下部跌損，與中部同治。

二十八、上身跌破，血出可用草藥先敷，內服上部沒藥，加接骨丹五分。

二十九、腹傷而腸出者，此症雖險而無害，醫者當去其指甲，恐其傷腸而反受其害致死此人也。但內臟不傷，湯藥飲食如常，可保中吉。用紡車一部，對患處順搖，勿使風傷其患者，將溫湯柔上，後取油線縫其皮，將生肌散封外，內服通腸活血湯，桑白皮線縫亦可。

三十、傷腸出者，用蔴油浸青布搭腸上候軟，先用一人托住腸，又一人含冷水一口向病人面上一噴，其人一驚，腸自收入，收後用銀絲線縫好，外敷草藥，先服中部沒藥，後服通腸活血湯或服川芎當歸蘇木木通亦效。

三十一、腸破腸出者，非不能活也，法用蔴油，先搽手上，後送腸入腹。若腸出久被風吹脹乾不能入，又用蔴油搽腸，待腸潤後，又用一人將腸托住，再一人含冷水將病人面上一噴，其人心內一驚，托腸之人乘驚將腸一推，其腸自然收入。之後急搶定傷口，用絲線縫好，先用止血草藥敷，後貼收口膏少許，腹中作響，腸自復位腸位雖復，然腸受傷與否，目力難見，其試法取火酒令患者飲小杯一杯，使人聞嗅，傷處若有酒氣泄出，即腸斷矣，縱神仙不救也。又用線縫時，不可露一毫針孔，若有針孔，雖腸不斷亦難救矣。

三十二、環跳骱比諸骱更難，此骱臼出，則觸在股內。治之，使患者側臥，出內手隨內，出外手隨外，上手捺住其腰，下手捧住其腕，將膝鞠上，出左扳於右，出右扳於左，扳伸而上也。內服生血補髓湯而安。

三十三、胯骨從臀上出，可用兩人捉定拔伸，方用足捺入胯骨；從襠出，則難於整理矣。

三十四、膝骨又名冰骨，油盞骨在上。蓋其骱有迭出者，治之必用藤箍襯棉，使患者仰臥，一人抬起腳踝，若出於左，隨左出，於右隨右。醫者雙手扶襟，棉箍至於膝下，上手挽住其膝，下手挽住其腳，彎出於右，下手偏於右，出於左，下手偏於左，使臼對膝，上手則扶膝，下手則抬起，必能上也。先用接骨散敷之，棉箍按其患處，必須棉布包裹，服生血補髓散三四服，再服壯筋續骨丹而安。

三十五、腳膝蓋骨乃吊生者，或打破脫出，極難治。要用物做成一箍，箍住蓋骨，將長帶縛定，外用護膝，癒日去箍。一使骨折又出處，兩頭必鋒銳，治用八寶丹麻藥定後，剉之去尖頭，按入用藥敷貼，外以筍埽若數層包，再服湯藥，使筋骨脈絡相生，其骨自然固矣。或跌打臃腫，患處不令人著手，摸著腫硬，難辨肉內折骨，醫者緩緩檢腫處，如骨內有聲，以麻藥先服，刀割開有血來，用止血散又用麻藥麻上，然後取碎骨，用別骨接好，貼膏藥外以油紙包好，方與淡鹽湯服之，醒後服接骨丹可癒。

三十六、易折者在於人之兩腿，傷之則為兩段，醫之在於綁縛。先用寬筋湯洗，使病者仰臥，與無患之骨取齊；次用接骨散敷之，棉布包裹，外用杉板八片，每長四寸，俱以棉布裹，外用棉繩三條，將板均紮齊，內服活血止痛散三四劑，又服壯筋續骨丹而癒。

三十七、小膀有二骨，一大一小，莖折則膀者易治，兩段者難治。倘有骨折皮破之凶，若此症則與大腿同治。若犯此症，骨必在皮肉上，用染爛散去肉後將骨對，不可用湯洗，恐毒入內，次將生肌散敷之。如骨折皮肉不破，可將接骨散敷之，照前綁縛，用杉木板六片，每片長三寸半，骨斷下板長，取其擔力也。唯此症最痛，必先服生血補髓湯三四劑，次服壯筋續骨丹而癒。

三十八、腳踝骱易出，上之亦難，一人抬住腳跟，一手扳住腳趾，出右手偏於右，出左手偏於左，腳趾鞠上，腳跟鞠下，一伸而上也。必服寬筋散而癒。

三十九、腳骨打跌，斷骨叉出，長短不齊，不得拔入，用銅鋸鋸齊，然後推入。膏藥貼外，外加綿紙數重，又夾板夾好，過二日換膏藥，日服接骨二次，倘炎天用清茶洗淨。若脛骨別內難治，在外用手推入臼，方貼膏藥沒藥。或跌碎打傷不重者，外貼膏藥，內服沒藥二次。凡出血用桃花散，如不止，可將參三七塞傷口，外用桃花散再敷。

四十、罨丸打出有血，用桃花散止血，將絲線縫好，再貼膏藥。如損傷血止後，忌用布包，日後血乾，難以用藥，須用油紙封好。如遇山谷鄉村，一時難以覓藥與膏，用糯米飯加蔥酒藥薑同搗炒熱，用油紙包夾好，內服老酒，使血不凝滯，再取藥治之為妙。

四十一、因跌傷而二便不通者，不可輕服接骨丹，蓋接骨之藥大都燥熱，又兼酒沖反取燥也。先服四物湯看其如何，又服大承氣湯加木通，如便又不通，加朴硝，待通方用接骨丹。

四十二、槍戮者看其傷處致命與否，傷口深淺若何，倘致命而傷處不深亦無害。若傷在腹，必探其淺深，恐深而傷及內臟，則難治也。傷口直者，先用定血止痛散敷之。傷口深者，將線縫之，將藥乾摻傷口，待血水流定，再將生肌散封固，內服護風托裏散為上。大抵要診脈，沉細者生，洪大者死。傷於硬處，看其骨損否。傷頂軟處，看內深淺，損骨先療骨，損肉先用生肌散。刀斧磕傷者，比觸者不同，敷用生肌散為主，服護風散托裏為上。

四十三、平處骨碎皮不破，可用黑龍散敷之。若屈轉處損傷，不可綁縛。恐傷癒後不能伸屈，只用黑龍散敷貼，絹縛，使屈轉處可以屈伸也。凡跌破先以沒藥搽好口，又用傘紙包於藥上縛定。

四十四、皮破骨出或差臼伸拔不入，若撙搽須近一二分，用麻藥先服，又用麻藥敷肉上，不知痛癢，方用快刀割去些肉，搽入骨。令入骨後，用黑龍散敷瘡口，四面再用桃花散填入瘡口，縛定，方用鮮麻藥即癒。如跌腫或血凝，宜熱藥湯洗，外用黑龍散敷之。若損一日尚可治，久則難治也。即皮裏有破碎骨，只用黑龍散敷，久後其骨自出。夾縛用杉木皮，闊如指大，四邊挑均，亦用繩緊縛三四度，紮物只用苧蔴，使貼藥。用木板一片，將油紙以薑汁調黑龍散攤上，捲損處即癒。凡用杉木皮尿浸排勻，匝小繩縛，三日一次，依前淋洗塗藥患處。若渾身無作痛，宜服排風湯服傷藥，全忌冷物及牛羊肉。服藥必須乘熱，使骨易接。凡骨未碎破，可服接骨，只用膏藥貼之，再將上中下沒藥服之。傷重必須用藥水洗過塗藥，如輕必不洗，即以藥敷之。凡傷藥五月不可合，恐霉，令藥壞也。即末子丸子，俱藏瓷瓶內，日久用火焙過方可用。

四十五、損傷不論輕重，要忌服損藥並草藥，先用調氣散。如服草藥，則斷損骨不能如舊也。若損骨碎斷者，要看本處如何，其骨是否碎斷；左右如何，看是何處損傷，先拔端正，方用貼外，夾縛亦要平正。凡夾縛，春夏二日、秋冬四五日解開，用熱水洗去舊藥。洗時毋重，恐驚動損處，仍用黑龍散敷好。

四十六、折損大概要拔伸捺正，然後用桃花散、黑龍散固外再縛。要拔近損處，不可別處，務在第二脊骨上。凡拔伸令要相度左右骨如何出，或有正拔，或當斜拔，或用一人，或用二三人。如左右損處，只要相度骨縫，細細撚搽，其骨歸臼要撙皮相骨，須認傷處，揣摸骨頭平正便是。

四十七、欲識跌打生亡之症，必視其脈，診外以知內。若跌打全脈起者生，不起者亡；脈若遲細生，洪大者死；若堅強有情者生，弱小者亡；脈來大而無情者二十日而死，滑細者生。若命脈和緩關脈實，此即有情也，雖傷重不死。命脈虛促而脫者，總然傷淺，必死之症也。總之脈以有情為吉。

四十八、頂門破骨未入肉者可治。食飽受傷及跌打二日不死可治。頂門破骨已陷入者不治。耳後受傷不治。心胸肩臂青色朱裹心可治。凡男人兩乳受傷急宜救之，婦人兩乳受傷不治。正腰不治。氣出不收目開者不治。小腹受傷未腳者可治。孕婦小腹受傷，內目未直，便糞無害。凡脈大而緩，須細察之，可治則治之。口如纏風不治。顖門出髓者不治。兩目傷不治。兩腳傷可治。背脊斷不治。小腸不分男女皆不治。如兩脾，血入兩腿傷後必損也。故有不治之症五：不知疼痛兼發戰者一不治也；天柱骨折並太陽穴傷二不治也；小腹帶斷心傷破陰囊穿三不治也；傷氣喉者四不治心也；汗出如油，盡力叫喊，五不治也。

要藥第四

偈曰：疏風活血理順氣先，生地芍藥補血建，續手用桂枝，並用瓜膝、木通、桃仁、破血稱捷，接骨要藥唯自然銅，茄皮川斷堪佐其功，紅花當歸活血之君，枳殼青皮理氣元勳。

一、奪命接骨散

碎補去毛錢半、歸尾棗仁兒茶大黃各一錢酒浸曬乾、黃蔴根二錢燒灰、土鱉用活者火酒浸入放大鍬上炙焦去頭足研細、麝香五分、乳香雄黃朱砂血竭自然銅醋炙七次大塊為佳各二錢，共為細末，收貯瓷瓶內用黃蠟封口，倘遇跌傷而有微氣者，用酒沖服二三厘，過喉即活，連服即癒。又方：乳香沒藥歸尾硼砂碎補去毛血竭自然銅各一錢、土鱉二錢去頭足用生半夏同炒，共為細末，每服八厘，陳酒沖下此方即八厘散加土鱉蟲；一方用人中白即尿根，男女者煉紅醋碎七次，研細末，酒沖送下；一方用生大蟹一隻小者二三隻搗爛熟，酒沖服；一方用土鱉蟲生半夏切片同炒去半夏淨六錢、自然銅二兩製，共為細末，酒沖送下。

二、接骨靈效丹

桑枝一根煎湯代水、地鱉蟲廿個、白蔻一錢去殼、杜仲鹽水炒、肉桂虎骨炙甘草各一兩、前胡山七赤芍川烏草烏藥青皮丹皮各二錢、茄皮白杏仁各六錢、乳香沒藥蘇木川斷紅花歸身新會皮桑白皮風茄花延胡索自然銅各四錢，共為細末，用瓷瓶收貯，逢拳傷，用好酒送下八分。

三、接骨丹

乳香沒藥半夏月石骨碎補自然銅各三錢、當門子一分、地鱉蟲四錢、雲耳一錢，酒送下。

四、接骨方

碎補二兩、羌活八錢、大黃雄胎小豬骨地虎各一兩、地龍七條、土狗四十九個去頭骨、白占連翹各五分、桂枝八分、血竭自然銅醋炙，乳香沒藥胎骨各五錢，共為細末，炮製道地，每服一錢，好酒沖服。又方：古銅錢五枚燒紅醋炙七次、自然銅製法同上當歸各二錢、乳香沒藥各三錢、琥珀麝香各五分，共為細末，每服一錢，空心時用酒沖服。

五、接骨入骱方

當歸川芎赤芍白芷銀花杜仲薑蠶川烏草烏羌活獨活荊芥防風炙甲大黃黃芩川柏貫仲角針蟬衣龜板連翹五倍薺芭各五錢、蜈蚣五條，同菜油五斤入鍋煎至滴水成珠不散，去渣，用朱砂冬丹各一斤調勻，試其老嫩，再加乳香沒藥去油各五錢、洋樟一兩、蟾酥三錢，調和攤紅布膏藥，每張四錢，捲入原寸少許摺之。

六、外用接骨散

自然銅紅根草皂莢核五茄皮荊芥防風羌活川斷各三錢、乳香沒藥去油官桂白芨各二錢，共研細末，陳酒調塗。

七、吊傷接骨外敷方

飛羅面麝香各五分、樟腦三分、山棱赤芍各五錢、生大黃末三錢，雞蛋清燒酒調敷患處即癒。

八、損傷斷節外敷方

桑根白皮推車蟲苞山苑水虎韭菜根下蚯蚓蔥白共六味，不拘多少，先用生薑擦開毛孔後，將糯米飯同藥搗爛敷患處，用新棉花包好為妙。

九、損傷內用方

土鱉六個製法同前、血竭草烏各二錢、麝香一錢、山七一錢六分、當歸川芎黑丑各一兩、大功勞四錢，共為細末，用酒沖服。

十、損傷神效方

遠年尿磚內外俱黃，以醋炙七次為度，研細末，每服用三四錢，好酒送下，蓋暖出汗即癒。如打破皮膚青腫者，即用枚子羅面酒爊雞子同搗，敷傷處即癒。用黑砂糖熬膏塗之油紙包紮即效。用白占一兩入腕中，滾酒沖服。

十一、損傷沒藥方

川芎當歸赤芍川樸桔梗獨活羌活穿山甲宣木瓜各五錢、白芷川烏草烏各一兩淮烏小茴香七分、肉桂二錢、甘草二錢半，共為細末，每服三錢，陳酒沖服。傷在上身，除去川朴可也。又方：用血竭五錢不見火、沒藥二錢、乳香紅花各三錢焙乾、當歸酒洗、桂枝焙乾、續斷各一兩、川膝茄皮炒各二兩，共為細末用酒沖服。又方：用土鱉碎補各三錢、月石自然銅各錢半，血竭乳香沒藥紅花各一錢、當歸錦文大黃各二錢，每服二錢用陳酒送下。

十二、損傷煎藥方

萆薢錢半、當歸生地二錢、陳皮米仁各三錢、木瓜八分、防風牛膝赤芍山梔連翹丹皮茄皮各一錢，用酒煎服。

十三、跌打宿傷方

山棱蓬朮川斷杜仲延胡索補骨脂赤芍茄皮自然銅血竭桃仁各二錢、山七五分、靈仙牛膝各三錢、乳香沒藥蘇木厚朴歸尾各錢半、紅花烏藥各一錢、砂仁八分研沖，用酒沖服。

十四、新舊損傷方

落得打骨碎補炒枳殼白茯苓炒杜仲甜桔梗煨木香炒當歸製香附製沒藥台烏藥炒青皮炒丹皮新會皮五茄皮地骨皮大腹皮川紅花左秦艽淨桃仁光杏仁炒牛膝自然銅童通交趾桂各一錢、胡桃二十個去殼，共為細末，陳酒沖服。

十五、重傷水煎方

生蒲黃當歸枳殼桃仁各二錢、桂枝陳皮紅花乳香沒藥韭菜子各一錢、杜仲三錢、甘草三分，用水煎服。

十六、重傷藥酒方

金毛狗節地鱉蟲生鱉甲厚朴杜仲落得打川牛膝桑白皮虎骨桃仁靈仙**各**三錢、薑蠶枳殼桔梗獨活當歸元胡赤藥香附青皮丹皮防風荊芥鑽骨風秦骨風骨碎補老君鬚桑寄生**各**二錢、川斷烏藥白芷**各**錢半、紅花柴胡甘草肉桂**各**一錢、生地四錢、核桃肉龍眼肉**各**四兩、松節五個、桑梗五寸。

十七、療傷藥酒方

生地虎骨**各**一兩四錢、牛膝紅花**各**三錢、川芎枸杞白芍杜仲**各**五錢、川斷碎補丹皮十大功勞**各**八錢、桃肉元眼肉**各**四兩，用好酒三十斤浸服。

十八、勞傷藥酒方

生地虎骨秦艽紅花牛膝澤瀉遠志烏藥枸杞茯苓面冬杜仲黃芪丹皮茄皮**各**五錢、當歸六錢、川斷桂枝香附枳殼故紙**各**三錢、白茄根桃肉棗頭**各**三兩，用生甘酒入藥同煎三炷香時取起，退火七日再服。

十九、損傷風濕藥酒方

荊皮丹皮茄皮鬱金烏藥川芎元胡各一兩、肉桂木香乳香沒藥各五錢、羌活羊躑躅各一錢，用燒酒十斤絹袋盛藥煮三炷香取起，分作十小瓶，風寒濕氣腰酸腫痛等病服之均效。

二十、筋骨酸痛藥酒方

川斷鹽水炒、全當歸各一兩、五茄皮一錢、川芎獨活防風各五錢、桔梗三錢、製香附牛膝各六錢、靈仙桂枝各四錢，用火酒三斤隔水煎三炷香為度，取起，退火三日可飲，臨睡服下，蓋暖出汗即癒。

二十一、風氣藥酒方

首烏一兩五錢、鑽地風二錢、虎頸骨桑寄生各五錢、豨薟草全當歸生荷仁老君鬚各一兩、焦白朮茯苓川膝橘紅川芎秦艽獨活松節各八錢，用甲酒六斤煮透，退火三日，臨睡時照量常飲可以痊癒。

二十二、萬靈透骨散

大銅錢醋炙地鱉蟲各五個酒醋炙自然銅醋炙全當歸醋酒炙沒藥去油醋酒炙製香附各二兩、穿山甲紅花各五錢、蠶巢十個燒灰存性、芝蔴一把燒灰存性、血竭一兩、參山七肉桂各一錢，內用人參更妙，共為細末，每服三錢陳酒送下，無不立效。

二十三、靈驗回生丹

生地熟地川烏草烏羌活蒲黃桃仁虎骨各五錢、紅花錢半、當歸牛膝木瓜川斷杜仲蘇木芸香寄奴碎補血竭韭菜子各三錢、防風荊芥獨活赤芍青皮元參麻黃靈仙各二錢，用麻油斤半同藥煎好後入十三味熬膏。又方：血竭冬丹木香肉桂各五錢、丁香二錢、麝香七分、乳香沒藥各一兩，附子六分、蘇合油三錢，共研細末水煎成膏。又方：骨碎補地鱉蟲各四兩、當門子二分、蔴灰桃仁兒茶山七雄黃血竭自然銅各三錢、朱砂紅花各二錢，能治跌打損傷遠年勞傷等症。

二十四、通腸活血湯

枳殼黃芩川芎腹皮各二錢、陳皮茄皮川斷川羌獨活當歸元胡各三錢、青皮通草各錢半、蘇木紅花各一錢，甘草五分，用水酒各半煎服。

二十五、活血止痛散

肉桂紅花各一錢、川芎當歸羌活獨活杜仲虎骨車前白芷各二錢、生地木瓜牛膝各三錢、乳香沒藥各錢半，研細末。

二十六、補中益氣湯

高麗參白朮升麻柴胡五味子各二錢、黃芪麥冬陳皮當歸各三錢，用薑棗為引。

二十七、尋痛散

乳香沒藥川芎虎骨厚仲各二錢、肉桂一錢、歸尾錢半、木瓜川斷天花粉各三錢。

二十八、還魂散

甘草五分、白芷荊芥穗各二錢、乳香沒藥白芍枳殼甘菊柴胡各錢半、川芎連翹黃芩各三錢、生地四錢。

二十九、喘氣湯

桔梗皂核葛根竹瀝陳皮白芷川芎各二錢、杏仁二錢、甘草五分、桂枝三分。

三十、吊嗽飲

川芎羌活赤芍白芷半夏陳皮桑白皮各二錢、桔梗皂核各錢半、沒藥一錢、甘草五分、桂枝三分。

三十一、明目生血飲

連翹山枝羌活防風川芎白芍當歸穀精各二錢、蒺藜茯苓各三錢、枳殼菊花各錢半、薄荷一錢、甘草五分。

三十二、麻藥散

生川烏生草烏生南星各五錢、蟾酥三錢，每服三厘陳酒送下。

三十三、摻麻藥方

川烏草烏黃蕪灰各五錢、半夏雄黃各二錢、芋葉七錢，共研細末臨時摻用。

三十四、黃末藥方

乳香沒藥川藥當歸羌活獨活通草桔梗官桂茄皮細辛赤芍薑黃知母各三錢、首烏川烏蒼朮黃檗白芷碎補各五錢、牛膝四錢，共研細末。

三十五、寬脛散

靈仙當歸各三錢、紅花官桂大茴香小茴香各一錢、防風荊芥羌活獨活木通白芷烏藥青皮錢半、甘草五分，共研細末，每服三錢。

三十六、金瘡桃花散

陳石灰十兩、生軍五錢，二味同炒至黃色，研為細末，能止血消瘀長肌肉。

三十七、封口金瘡藥（能治一切破損流血腐爛）

乳香沒藥去油兒茶血竭銅綠各一錢、冰片五分、象皮龍骨各錢半、製甘石白占各三錢、無名異一兩，共研細末，蔴油調塗。

三十八、生肌八寶丹（治一切腫毒收口有神效）

麝香冰片各二分、乳香沒藥兒茶血竭龍骨各一錢、赤石脂二錢、象皮五分切片炒黃，共研細末，收貯瓶內勿令泄氣。或方：以煅石膏五錢代象皮亦驗。

三十九、金瘡方

麝香冰片珍珠各五分、琥珀寄奴各三錢、乳香沒藥朱砂血竭雄黃海漂蛸象皮蜂房各一錢，共為細末，收貯瓶內勿令走氣，逢傷敷之即癒。

四十、生肌散

龍骨螵硝血竭各五錢、桃丹赤芍白芍兒茶輕粉寒水石各三錢、乳香沒藥各二錢、連珠三分、冰片二分、麝香一分，共研細末。

四十一、余神丹（治一切惡毒瘡節外症）

虎脛骨煅吸鐵石醋炙七次乳香沒藥麝香各一兩，共研細末，收貯瓶內勿令泄氣，摻膏藥貼患處即癒。

四十二、鎮心丸

黑西角膽星各五錢、茯苓麥冬各七錢、甘草一錢、珍珠二錢、西牛黃七分、辰砂川連各三錢、棗仁一兩，共為細末，蜜丸蠟封口。

四十三、護心丹

乳香沒藥去油木耳黃蔴灰自然銅炙三次各一錢、胡椒二錢二分、肉桂八分，共研細末，臨時開水吞服。

四十四、護心丸

甘草二錢、黃連朱砂各三錢、血竭五錢、乳香沒藥各一兩、綠豆粉三兩，共研細末，泛丸每服三錢開水吞服。

四十五、保心湯

綠豆金銀花各六兩、黃連甘草各三錢，用河井合一斤煎服。

四十六、頭破傷風方

用青果打爛與桐油拌勻敷上甚效，如破疤乾可用細瓷鋒刺出血或黃水，再用香櫞樹葉同砂糖打爛敷上，或用橘葉亦效。

四十七、跌仆攣筋方

三四年不癒者用楊梅樹皮曬燥研末，以滴花燒酒隔水燉熟調塗患處，以絹紮好，每日換一次，不過五六日即癒。

四十八、夾骨方

製甘石海漂蛸冬丹白芷各一兩、枯礬洋樟各五錢、藥錄三錢、白占黃占各八錢、掃盆一錢、冰片三分、蔴油四兩，攤青油紙上，一面打眼一面不打眼。

四十九、退毒藥

大蜈蚣穿山甲全蟲白薑蠶班毛各五錢、阿魏一兩、麝香冰片各一分，共研末摻膏藥。

五十、消毒散

蜈蚣蜂戶均炒焦淡全蟲月黃雄黃阿魏各二錢、元寸二分，共為末，摻膏藥用。

五十一、玉紅膏

生地白芷輕粉血竭各四兩、白占芸香各六兩、甘草二兩、紫草歸身各五兩，蔴油一斤，煎藥成膏。

五十二、如意金黃散

生南星生半夏薑黃黃檗小朴陳皮甘草蒼朮各一兩、白芷川烏天花粉各二兩、大黃三兩，曬乾為末，唯忌火。

五十三、月白珍珠散

橄欖核煅炭峰炭蛇退燒埽盆五花龍骨冰片各五分、活大河蚌一個，置藥入內泥包煅灰存性，共研末，吹入痔瘡即可收效（按：下痔須併進煎藥方，上須用兒茶黃柏川連煅人中白各一錢、乳香錢半、青黛三錢、西黃五分）。

五十四、珍珠八寶丹

珍珠明血珀各一錢、西牛黃三分、元寸香二分、冰片五分、辰砂人中黃各二錢，的乳石五錢，研末。

五十五、大神活絡丹

製川烏製草烏熊膽星各六兩、淨地龍製沒藥製乳香各二兩五錢，共研末白蜜為丸。

五十六、梅花點舌丹

西牛黃熊膽蟾酥冰片各一錢、沉香腰黃乳香沒藥葶力月石辰砂血竭

各二錢、珍珠元寸香各六分，各製淨末用人乳化蟾酥熊膽泛丸，金箔為衣，每粒五厘。

五十七、大續命飲乳

乳香烏藥紅麴紅花各一錢、歸尾桃仁山楂麥芽生地各三錢、丹皮錢半、桔梗山甲八分、官桂五分、蘇朮通草各六分，水酒各半煎服。

五十八、中續命湯

歸尾神麴各二錢、柴胡官桂各八分、乳香沒藥丹皮陳皮川芎紅花烏藥蘇朮紅麴各一錢、赤芍蓬朮各錢半、川甲五分、枳殼六分，用水酒各半煎服。

五十九、小續命飲

當歸丹皮各錢半、甘草三分、通草紅麴香附各八分、山甲五分、蘇朮為藥各一錢、麥芽三錢，用水酒各半煎服。

六十、便血方

凡一切腸紅瀉血便後血，用彩蛋煨熟三個立效。

六十一、取箭方

凡箭入骱內不能拔出者，即用蜣螂蟲一個乳香一錢，共研末塗患處，迨皮外及肉內癢痛，忍而搖動者撥出之，即用貫仲黃連製石灰煎洗，再用牛膽敷之。

拳經上下兩冊
定價大洋貳元

中華民國十八年七月三版

纂輯者 大聲圖書局

繕校者 剡溪李肅之

出版者 大聲圖書局
上海九畝地富潤里第三弄四十一號

總發行所 益新書局
上海山東路麥家圈禮拜堂後面洋房內

導引養生功

1 疏筋壯骨功+VCD
定價350元

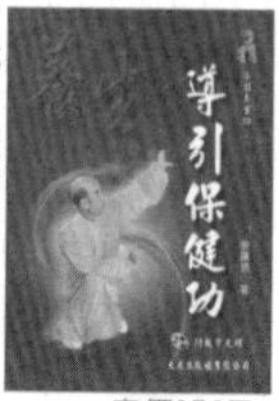

2 導引保健功+VCD
定價350元

3 頤身九段錦+VCD
定價350元

4 九九還童功+VCD
定價350元

5 舒心平血功+VCD
定價350元

6 益氣養肺功+VCD
定價350元

7 養生太極扇+VCD
定價350元

8 養生太極棒+VCD
定價350元

9 導引養生形體詩韻+VCD
定價350元

10 四十九式經絡動功+VCD
定價350元

張廣德養生着作　每冊定價 350 元

全系列為彩色圖解附教學光碟

輕鬆學武術

1 二十四式太極拳+VCD
定價250元

2 四十二式太極拳+VCD
定價250元

3 八式十六式太極拳+VCD
定價250元

4 三十二式太極劍+VCD
定價250元

5 四十二式太極劍+VCD
定價250元

6 二十八式木蘭拳+VCD
定價250元

7 三十八式木蘭扇+VCD
定價250元

8 四十八式太極劍+VCD
定價250元

彩色圖解太極武術

1 太極功夫扇

定價220元

2 武當太極劍

定價220元

3 楊式太極劍

定價220元

4 楊式太極刀

定價220元

5 二十四式太極拳+VCD

定價350元

6 三十二式太極劍+VCD

定價350元

7 四十二式太極劍+VCD

定價350元

8 四十二式太極拳+VCD

定價350元

9 楊式十六式太極拳 十八式太極劍

定價350元

10 楊氏二十八式太極拳+VCD

定價350元

11 楊式太極拳四十式+VCD

定價350元

12 陳式太極拳五十六式+VCD

定價350元

13 吳式太極拳五十六式+VCD

定價350元

14 精簡陳式太極拳八式十六式

定價220元

15 精簡吳式太極拳三十六式 拳架・推手

定價220元

16 夕陽美功夫扇

定價220元

17 綜合四十八式太極拳+VCD

定價350元

18 三十二式太極拳 四段

定價220元

19 楊式三十七式太極拳+VCD

定價350元

20 楊氏五十一式太極劍+VCD

定價350元

21 嫡傳楊家太極拳精練二十八式

定價220元

22 嫡傳楊家太極劍五十一式

定價220元

23 嫡傳楊家太極刀十三式

定價220元

養生保健 古今養生保健法 强身健體增加身體免疫力

定價250元

2 中國氣功圖譜

定價250元

3 少林醫療氣功精粹

定價250元

4 龍形實用氣功

定價220元

5 魚戲增視強身氣功

定價220元

7 道家玄牝氣功

定價200元

定價160元

9 少林十大健身功

定價180元

10 中國自控氣功

定價250元

11 醫療防癌氣功

定價250元

12 醫療強身氣功

定價250元

13 醫療點穴氣功

定價250元

定價180元

15 正宗馬禮堂養氣功

定價420元

16 秘傳道家筋經內丹功

定價300元

17 三元開慧功

定價250元

18 防癌治癌新氣功

定價180元

19 禪定與佛家氣功修煉

定價200元

定價360元

21 簡明氣功辭典

定價360元

22 八卦三合功

定價230元

23 朱砂掌健身養生功

定價250元

24 抗老功

定價230元

25 意氣按穴排濁自療法

定價250元

定價200元

28 張氏太極混元功

定價250元

30 中國少林禪密功

定價200元

31 郭林新氣功

定價400元

32 八卦之源與健身養生

定價280元

33 現代原始氣功1

定價400元

定價300元

35 通靈功一養生祛病及入門功法

定價300元

37 太極內功養生法

定價180元

38 無極養生氣功
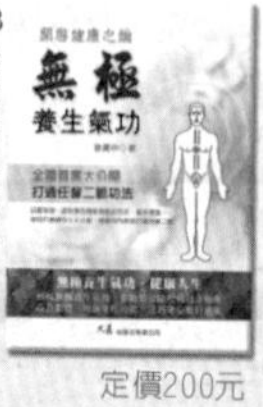

定價200元

39 氣的實踐小周天健康法

定價200元

40 達摩易筋經

定價350元

太極跤

1 太極防身術

定價300元

2 擒拿術

定價280元

3 中國式摔角

定價350元

簡化太極拳

1 陳式太極拳十三式

定價200元

2 楊式太極拳十三式

定價200元

3 吳式太極拳十三式

定價200元

4 武式太極拳十三式

定價200元

5 孫式太極拳十三式

定價200元

6 趙堡太極拳十三式

定價200元

原地太極拳

1 原地綜合太極二十四式

定價220元

2 原地活步太極四十二式

定價200元

3 原地簡化太極拳二十四式

定價200元

4 原地太極拳十二式

定價200元

5 原地青少年太極拳二十二式

定價220元

6 原地兒童太極拳十捶十六式

定價180元

健康加油站

1 糖尿病預防與治療

定價200元

2 胃部機能與強健

定價180元

3 不孕症治療

定價200元

4 簡易醫學急救法

定價200元

5 肥胖健康診療

定價200元

6 肝功能健康診療

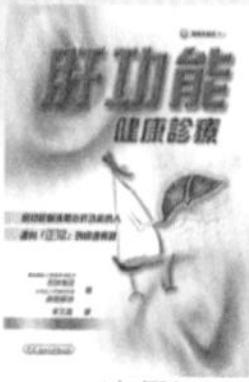

定價200元

7 高血壓健康診療

定價200元

8 高血糖值健康診療

定價200元

9 尿酸值健康診療

定價200元

10 膽固醇中性脂肪健康診療

定價200元

11 痛風劇痛消除法

定價180元

12 三溫暖健康法

定價180元

定價180元

14 B型肝炎預防與治療

定價180元

15 吃得更漂亮、健康

定價180元

16 茶使您更健康

定價180元

17 圖解常見疾病運動療法

定價180元

18 科學健身改變亞健康

定價180元

定價220元

20 王朝秘藥媚酒

定價180元

21 立見實效保健操

定價180元

22 越吃越幸福

定價200元

23 荷爾蒙與健康

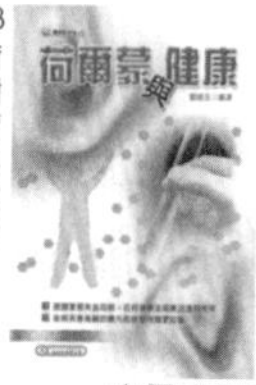

定價180元

24 越吃越長壽

定價200元

定價180元

26 斷食促進健康

定價180元

27 蔬菜健康法

定價200元

28 水果健康法

定價200元

29 越吃越苗條

定價200元

30 越吃越聰明

定價200元

定價200元

32 人體記憶地圖

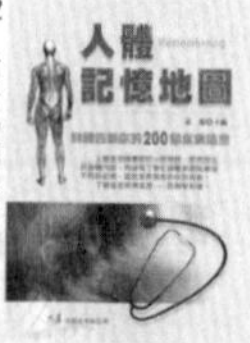

定價350元

33 提升免疫力戰勝癌症

定價280元

34 腎臟病預防與治療

定價230元

運動精進叢書

1 怎樣跑得快

定價200元

2 怎樣投得遠

定價180元

3 怎樣跳得遠

定價180元

4 怎樣跳的高

定價180元

5 高爾夫揮桿原理

定價220元

6 網球技巧圖解

定價220元

7 排球技巧圖解

定價230元

8 沙灘排球技巧圖解

定價230元

9 撞球技巧圖解

定價230元

10 籃球技巧圖解

定價220元

11 足球技巧圖解

定價230元

12 羽毛球技巧圖解

定價220元

13 乒乓球技巧圖解

定價220元

14 曲線球與飛碟球

定價300元

15 街頭花式籃球

定價280元

16 精彩高爾夫

定價330元

17 巴西青少年足球訓練方法

定價230元

18 籃球個人技術全圖解+VCD

定價300元

19 門球（槌球）入門與提升180問

定價230元

20 美國青少年籃球訓練方式250例

定價280元

21 單板滑雪技巧圖解+VCD

定價350元

大展好書　好書大展
品嘗好書　冠群可期

大展好書　好書大展
品嘗好書　冠群可期